Holger Dopp
Kakteen

Kennen & Pflegen

Holger Dopp

Kakteen

Die besten Pflanzen
für Sammler und Liebhaber

124 Farbfotos
 28 Zeichnungen
 10 Tabellen

Verlag Eugen Ulmer

Titelfotos:
Parodia echinus (oben links),
Opuntia rosea (oben rechts),
Mammillaria candida (unten links),
Epiphyllum-Hybride (unten rechts).
Aufnahmen: Holger Dopp

Die Deutsche Bibliothek - CIP-Einheitsaufnahme

Kakteen: die besten Pflanzen für Sammler und Liebhaber;
10 Tabellen / Holger Dopp. - Stuttgart : Ulmer, 1994
  (Kennen & Pflegen)
  ISBN 3-8001-6488-4
NE: Dopp. Holger

Das Werk einschließlich aller seiner Teile ist urheberrechtlich geschützt. Jede Verwertung außerhalb der engen Grenzen des Urheberrechtsgesetzes ist ohne Zustimmung des Verlages unzulässig und strafbar. Das gilt insbesondere für Vervielfältigungen, Übersetzungen, Mikroverfilmungen und die Einspeicherung und Verarbeitung in elektronischen Systemen.

© 1994 Eugen Ulmer GmbH & Co.
Wollgrasweg 41, 70599 Stuttgart (Hohenheim)
Einbandgestaltung: A. Krugmann, Freiberg am Neckar
Lektorat: Agnes Pahler
Herstellung: Ursula Stammel
Satz: Steffen Hahn GmbH, Kornwestheim
Druck und Bindung: Manfrini R. Arti Grafiche Vallagarina S.p.A.
Printed in Italy

Vorwort

Wenn ich mich mit ratsuchenden Kakteenfreunden unterhalte, erinnere ich mich immer wieder an meine frühe Sammelleidenschaft. Oftmals stand ich ratlos und frustriert vor dem Ergebnis übertriebener oder falscher Kakteenpflege. Wie gerne hätte ich einen erfahrenen Sammler um Rat gefragt!
Mittlerweile sind mehr als dreißig Jahre vergangen, in denen ich nicht nur eine sehr umfassende Sammlung aufgebaut habe, sondern auch fundierte praktische Erfahrungen und theoretische Erkenntnisse gewinnen konnte. Mag sein, daß der eine oder andere Leser über recht unkonventionelle Pflege- und Kulturtips stutzt, aber bedenken Sie, meine Ratschläge sind nicht aus der Luft gegriffen, sondern beruhen auf eigenen Erfahrungen in der Kultur.
Nahezu täglich erhalte ich Post von Kakteenfreunden, die mir ihre Sorgen und Nöte mit ihren Pfleglingen mitteilen und um Rat bitten. Auch durch diese Korrespondenz gewinnt man zusätzlich Erfahrungen. Und es ist keineswegs so, daß mich dabei nur die Briefe der sogenannten Spezialisten interessieren. Ich nehme das Briefchen des neunjährigen Schülers, noch mit ungelenker Hand geschrieben, ebenso ernst. Und grundsätzlich erhält jeder eine Antwort!

Oftmals weise ich aber auch mahnend darauf hin, daß seltene oder gar nahezu ausgerottete Kakteen nicht in unerfahrene Anfängerhände gehören, denn bei unsachgemäßer Pflege haben solche Kakteen keinerlei Überlebenschance. Es macht im übrigen keinen Sinn und ist völlig unverantwortlich, wenn man sich auf Kakteen spezialisieren will, deren Lebensdauer auf Grund der fehlenden klimatischen Voraussetzungen in unseren Breiten äußerst kurz ist. Eine Sammlung mit *Echinopsis*-Hybriden, mit *Notocactus* oder *Mammillaria*-Arten – diese Beispiele stehen für viele andere – ist herrlich, hochinteressant und zudem pflegeleicht und kann in den Händen eines engagierten Sammlers zur beachtenswerten Augenweide heranwachsen.
Meine persönliche Bitte an alle Kakteenfreunde und an die vielen Leser dieses Buches: Schont die Kakteen und auch die anderen Sukkulenten an den heimatlichen Standorten. Beachtet die Richtlinien des Washingtoner Artenschutzübereinkommens! Mit geringen Mitteln und mit der notwendigen Geduld können wir auch in unseren Breiten erfolgreich eine großartige Kakteensammlung aufbauen. Dabei stehe ich mit Rat und Tat gern zur Seite.

Winter 1993/94　　　　　　　　　　Holger Dopp

Inhaltsverzeichnis

Vorwort 5

Von der Herkunft der Kakteen 7
Historisches 7
Kakteen als Nutzpflanzen 8

Die besondere Biologie der Kakteen 9
Der sukkulente Pflanzenkörper 9
Morphologische Eigenheiten 10
Die Stellung der Kakteen im
    Pflanzenreich 13
Die Heimatstandorte der Kakteen 13

KENNEN

Die schönsten und interessantesten Kakteen 17

PFLEGEN

Kakteen im Haus und im Garten 66
Wo sollen Kakteen untergebracht sein? 66
Kakteenpflege auf der Fensterbank, im
    Blumenfenster oder auf dem Balkon 66
Die Kultur im Frühbeet 68
Die Gewächshauskultur 69
Kakteen im Steingarten 72

Winterharte Kakteen 74
Arten für die ganzjährige Freilandkultur 74
Pflegehinweise 76

Kultur und Pflege 77
Kakteenpflege im Jahreslauf 77
Kakteenerde 79
Töpfe, Schalen, Kübel 81
Sinnvolles Umtopfen 82
Substrat- und Luftfeuchtigkeit 83
Das richtige Maß beim Düngen 85
Kakteen brauchen Licht und Wärme 86

Die Vermehrung der Kakteen 89
Die Aussaat 89
Die Stecklingsvermehrung 92
Die Teilung 94

Die Kunst des Pfropfens 95
Geeignete Pfropfunterlagen 95
Flachpfropfung – die übliche
    Pfropftechnik 96
Die Sämlingspfropfung 97
Die Anplattpfropfung 98
Die Spaltpfropfung 98
Die Schlitzpfropfung 99

Krankheiten und Schädlinge an Kakteen 100
Tierische Schädlinge 100
Pilzliche Erkrankungen 104
Schädigungen durch Kulturfehler 107
Viruserkrankungen 107

Problem Importpflanzen 109
Pflege, Behandlung, Bewurzelung 109
Das Washingtoner Artenschutzüber-
    einkommen 110

Kakteen-Hybriden 111
Verantwortungsbewußte Züchtung 111
Kreuzungsversuche bei Kakteen 112

Cristatformen 115

Weitere empfehlenswerte Kakteen 124

Häufige Fachausdrücke 118
Wichtige Adressen 124
Literaturverzeichnis 126
Bildquellen 126
Register 127

Von der Herkunft der Kakteen

Historisches

Im späten Mittelalter interessierten sich die Menschen in zunehmendem Maße für die merkwürdigen Pflanzen der damals neuentdeckten fernen Länder.

Es war wohl Christoph Kolumbus, der die ersten Opuntien, Melokakteen und Säulenkakteen (Cereen) nach Europa brachte. Auch die zahlreichen Nachfolger des großen Seefahrers nutzten ihre Reisen dazu, um unter anderem bis dato unbekannte Pflanzen mitzubringen. An den Höfen der Regierenden und in den allmählich entstehenden botanischen Gärten wurden jene seltsamen Gewächse bestaunt, obwohl man über die Pflege nahezu nichts wußte. Man weiß aus der Literatur, daß zu Beginn des 16. Jahrhunderts bereits Kakteen (*Opuntia* und *Melocactus*) und Agaven in europäischen botanischen Sammlungen zu bewundern waren.

Kakteen in der botanischen Fachliteratur

In den damaligen „Kräuterbüchern" wurden Kakteen nur zögernd erwähnt. Der Botaniker Mathias Lobel schreibt 1576 erstmals über eine sogenannte „Melonendistel", die heute unter *Melocactus* bekannt ist.

Bereits um 1698 charakterisierte der Botaniker Hermann erstmals die Gattung *Cereus*. Ein Jahr vor seinem Tode beschäftigte sich Charles Plumier 1703 mit *Pereskia*. Er benutzte auch als erster die wissenschaftliche Bezeichnung *Opuntia*, die dann auch von Joseph Pitton de Tournefort verwendet wurde. Und zu Beginn des 17. Jahrhunderts kennt man schon die Gattungsbezeichnung *Melocactus*. In seinem Kräuter-Buch beschreibt um 1737 Jacobus Theodorus Tabernaemontanus sehr ausführlich *Opuntia, Melocactus* und andere. Carl von Linné, der große schwedische Botaniker, vereinigte 1737 alle bis dahin bekannten 24 Kakteenarten zu der Gattung *Cactus*. Im Chelsea Physic Garden pflegte Philipp Miller in der Mitte des 18. Jahrhunderts eine größere Menge an Kakteen. Hardy Haworth kultivierte etwa in jener Zeit eine der größten englischen Privatsammlungen. In Deutschland beschäftigte sich nach 1800 Fürst Josef zu Salm-Reifferscheid-Dyck schwerpunktmäßig mit Kakteen und anderen Sukkulenten. Dr. Louis Pfeiffer, Arzt und bedeutender Kakteensammler aus Kassel, gab 1837 eine erste Übersicht der damals bekannten Kakteen heraus. Und 1850 erscheint ein umfassendes Werk von Fürst Josef zu Salm-Reifferscheid-Dyck. Karl Friedrich Förster verfaßte 1846 sein bekanntes „Handbuch der Kakteenkunde". Die Kakteenbegeisterung wuchs, und in zunehmendem Maße fanden Kakteen und andere Sukkulenten Freunde. Zahllose Sammlungen und Fachgärtnereien entstanden, so daß es nur noch eine Frage der Zeit war, daß sich irgendwo Kakteenfreunde zu einem Verein zusammenschlossen. 1892 war es dann soweit: Unter Dr. Karl Moritz Schumann wurde die Deutsche Kakteen-Gesellschaft in Berlin gegründet.

Kakteen als Sammelobjekte

Kakteen standen oftmals ganz oben auf der Wunschliste der Seefahrer. Wilhelm Baron von Karwinsky fand auf seinen Exkursionen durch den Norden Mexikos drei Exemplare des noch heute begehrten *Ariocarpus kotschoubeyanus*. Der Botanische Garten Petersburg erhielt eines dieser Exemplare, eines verehrte der Baron dem Fürsten Kotschoubey – nach dem diese Pflanze auch benannt wurde –, und die dritte Pflanze verkaufte er im Jahre 1832 zu dem unglaublichen Preis von 1000 Francs. Damals lag diese Summe weit über dem Wert eines gleich schweren Goldklumpens. Aber auch heute noch werden von Liebhabern unverantwortlich hohe Summen für seltene Kakteen oder auch für Neufunde gezahlt.

Rauschmittel

Um ein wenig tiefer in die Historie einzusteigen, drehen wir die Zeit weit zurück und schauen nach Südamerika bzw. nach Mexiko. Dort spielten Kakteen über Jahrtausende eine ungemein wichtige Rolle im Alltagsleben der Indios. (Im nächsten Abschnitt werden wir uns mit Kakteen als Nutzpflanzen auseinandersetzen.) Der durch

Von der Herkunft der Kakteen

eine ausgeprägte mythologische Denkweise beeinflußte Glauben der damaligen Einwohner rückt heute vieles aus dem Dunkeln ins Licht der Erkenntnis. Überliefert sind die grausamen Menschenopfer auf den gewaltigen Kugeln schrecklich bedornter Fero- oder Echinokakteen. Man denke auch an die rituellen Feste in dörflichen Gemeinschaften, bei denen ein Peyote-Rausch eine wichtige Rolle spielte. Jener kleine Kaktus (*Lophophora williamsii*) wurde bei speziellen Anlässen sowohl in frischem als auch in getrocknetem Zustand genossen. Von den zahlreichen in dieser Pflanze enthaltenen Alkaloiden ist das Mescalin wohl das bedeutendste, – im übrigen nahe verwandt mit dem Rauschgift LSD.

Mittlerweile kennt man eine ganze Reihe anderer sukkulenter Pflanzen mit halluzinogenen Bestandteilen. Der guten Ordnung halber muß man an dieser Stelle dem Wunschgedanken einiger Kakteenfreunde entgegentreten: Jene halluzinogenen Stoffe entwickeln sich nur unter der intensiven mexikanischen Sonne, während in unseren Breiten die Wirkung kaum meßbar ist.

Kakteen als Nutzpflanzen

Während bei uns die Kakteen begehrte Liebhaberpflanzen sind, werden viele Arten in zahlreichen Ländern einer wirtschaftlichen Nutzung unterzogen.

Kakteenfrüchte

Die Früchte vieler Kakteen können als Nahrungsmittel genutzt werden. So werden vor allem die Früchte einiger *Opuntia*-Arten geerntet und mittlerweile sogar bei uns angeboten. Sogar in den Mittelmeerländern werden bestimmte *Opuntia*-Arten zur Fruchtgewinnung angebaut. Auch verschiedene andere Kakteen wie *Hylocereus* haben eßbare Früchte und werden deswegen ebenfalls angebaut.

Kakteengemüse

Junge *Opuntia*-Sprosse schätzt man in Mexiko als Nopalitos-Gemüse. In einigen Gebieten Mexikos werden jene *Opuntia*-Arten intensiv angebaut. Opuntien als Viehfutter haben bereits lange Tradition. In beträchtlichen Mengen werden jene Opuntien an die in Nordmexiko liegenden Milchviehbetriebe geliefert. Störende Dornen werden vor der Verfütterung abgeflammt. Opuntien besitzen einen beachtenswerten Futterwert, zumal in jenen wasserarmen Gebieten der Wasserbestandteil in den Blättern, genau gesagt den Flachsprossen, wie bei den meisten Pflanzen zwischen 80 und 90 Prozent liegen kann.

Farbstoffgewinnung

Bereits die Indios haben aus den auf Opuntien angesiedelten Cochenille-Läusen einen Farbstoff für intensives Karminrot gewonnen. Bis in die heutige Zeit hat sich diese Farbstoffproduktion, zwar nur in ganz kleinem Rahmen, in Peru und auf den Kanarischen Inseln erhalten. Auch in Südafrika wird die Produktion in den letzten Jahren intensiviert. Die Cochenille-Läuse werden durch Abkratzen gewonnen, über heißem Wasserdampf abgetötet und anschließend in der Sonne getrocknet.

Baumaterial, Angelhaken, Färbemittel

Vielfältig ist die sonstige Nutzung bestimmter Kakteen. Man denke nur an die lebenden Zäune aus säuligen Kakteen, an leichtes Bau- und Möbelholz von *Trichocereus pasacana* und anderen, an die Herstellung von Marmeladen und an kandierte Kakteen. Die weichen Haare einiger Kakteen dienen als Füllmaterial für Kissen, und Dornen starkbewehrter Kakteen können in einigen Gebieten als Nadeln oder auch Angelhaken Verwendung finden. Die intensiv roten Farbstoffe der Früchte einiger Opuntien werden zum Färben von Lebensmitteln genutzt.

Die besondere Biologie der Kakteen

Der sukkulente Pflanzenkörper

Optisch unterscheiden sich Kakteen erheblich von anderen Pflanzen. Von der winzigen, nur etwa 15 mm großen *Blossfeldia liliputana* bis hin zur gewaltigen, baumförmigen *Neobuxbaumia polylopha* oder auch *Carnegiea gigantea,* die oftmals mehr als 15 m Höhe und mehrere Tonnen Gewicht erreichen, findet man nahezu alle Größen und Formen bei den Kakteen.

Wuchsformen

Die unterschiedlichen Wuchsformen der Kakteen sind im Laufe ihrer Entwicklungsgeschichte entstanden. In Gebieten mit spärlichen Niederschlägen und überwiegend steinigen Böden haben sich eine große Zahl kleiner Kugelformen entwickelt, die teils alleinstehend oder auch in Gruppen wachsen. Gewaltige, baumförmige Säulenkakteen haben sich mit ihrem weitflächigen Wurzelwerk an die seltenen, aber sehr ergiebigen Regenfälle angepaßt. Jene Kakteengiganten überdauern oftmals mehrere Jahrhunderte an ihren natürlichen Standorten. Ob der Mensch mit seinem überaus erfinderischen Sammeleifer jene gefährdeten Standorte zu schützen vermag, darf unter Berücksichtigung der bisherigen Ausrottungstendenzen angezweifelt werden. Diesen Sachverhalt werden wir an anderer Stelle im Zusammenhang mit dem Thema Artenschutz ein wenig vertiefen (Seite 110).

Die Fähigkeit zur Wasserspeicherung

Die ausgeprägte Fähigkeit, mit dem wenigen zur Verfügung stehenden Wasser lange niederschlagsarme oder auch -freie Perioden zu überdauern, hat Kakteen und auch andere sukkulente Pflanzen an das Leben in wüstenartigen (ariden) und halbtrockenen (semiariden) Gebieten angepaßt. In der botanischen Terminologie bezeichnet man Pflanzen, die in solchen Gebieten überdauern, als Xerophyten.

Natürlich kennt man verschiedene physiologische und morphologische Möglichkeiten, sich diesen langen Trockenzeiten anzupassen. Eine der ausgeprägtesten und interessantesten ist die Fähigkeit zur Wasserspeicherung, die man allgemein als „Sukkulenz" bezeichnet. Diesen Begriff leitet man vom lateinischen *succus* = Saft ab.

Die Bezeichnungen Wurzel-, Blatt- oder Stammsukkulenten deuten auf jenes Organ hin, in dem primär Wasser gespeichert werden kann. Zu den sogenannten Blattsukkulenten zählen beispielsweise sämtliche *Agave-, Echeveria-, Aloë-* und *Haworthia*-Arten. Die Kakteen nun gehören zu den typischsten Sukkulenten überhaupt – sie bilden eine perfekte Sproß- oder Stammsukkulenz aus und im Idealfall auch die Kugelform, bei der die relativ kleine Oberfläche der Pflanze im Verhältnis zum Volumen auch die geringste Verdunstungsoberfläche bietet.

Epiphytisch wachsende Kakteen

Während die meisten Kakteen in relativ regenarmen Gebieten verbreitet sind, benötigen epiphytisch wachsende Kakteen, zum Beispiel *Rhipsalis,* erheblich höhere Niederschläge, um überdauern zu können. Epiphytische Kakteen können in regenreichen Zeiten zwar erhebliche Wassermengen speichern, sie müssen aber damit die Trockenzeiten überdauern können, die in deren Verbreitungsgebiet jedoch meist nur wenige Wochen oder Monate dauert. Zudem hilft dort auch eine wesentlich höhere Luftfeuchtigkeit, die trockenere Periode unbeschadet zu überstehen. Und die zusätzliche Bildung von Luftwurzeln dient nicht nur der besseren Haftung am Untergrund, sondern auch zur Versorgung mit Feuchtigkeit.

Verdunstungsschutz

Einige Sukkulenten schützen sich zusätzlich mittels eines weißen, wachsartigen Belages vor allzu starker Verdunstung. Andere, vor allem Hochgebirgsarten, haben eine dichte, weiße Behaarung entwickelt, die tagsüber vor allzu starker Erwärmung und vor Verbrennungen schützt und in den Nachtstunden vor Auskühlung. Das Haarpolster sorgt für eine Zone ruhender Luft rund um den Pflanzenkörper, wodurch sich die Verdunstung zusätzlich verringert. Andererseits kann die dichte Behaarung durch ihre Luftpolsterwirkung auch vor Erfrierungen schützen.

Morphologische Eigenheiten

Kakteen und andere sukkulente Pflanzen sind äußerst anpassungsfähig. Diese ausgeprägte Eigenschaft der Anpassung an besondere Standortverhältnisse zeigt sich auch in der Anatomie der Kakteen.

Das Pflanzengewebe

Die Epidermis, die Körperhülle, ist von einer dikken Kutikula überzogen, die aus Kutin, einer wachsartigen Substanz besteht. Die Epidermis paßt sich kontinuierlich dem Wachstum der Pflanze an, nur in seltenen Fällen – wenn Regen nach langer Trockenzeit zu einer raschen Wasseraufnahme führt – kann eine Epidermis auch aufreißen.

Bei einigen Kakteenarten umschließt die Epidermiszelle eine Druse aus oxalsaurem Kalk. Sollten allerdings Epidermiszellen frei von Kalziumoxalat sein, dann befinden sich die Kristalle in der Rinde der darunterliegenden Zellen. Von Ausnahmen abgesehen liegen die Kristallzellen in mehr oder weniger regelmäßigen Gruppierungen zusammen. Als gattungsspezifisches Merkmal gilt die Anordnung der Kristallzellen und ihre Beziehung zu den Schleimzellen.

Vergleicht man die Anzahl der Spaltöffnungen sukkulenter Pflanzen mit jener von normalen Pflanzen, so stellt man fest, daß Kakteen eine größere Anzahl Spaltöffnungen aufweisen. Dennoch ist sie geringer als die Anzahl der Spaltöffnungen auf Blättern von Laubbäumen. Die Spaltöffnungen liegen oftmals vertieft, wodurch die Wasserverdunstung weiter reduziert wird. Entweder sind die Spaltöffnungen senkrecht zur Längsachse des Sprosses angeordnet oder parallel dazu, auch völlig unregelmäßige Anordnungen sind bekannt. Die Ausrichtung der Spaltöffnungen innerhalb der einzelnen Gattungen ist von taxonomischer Bedeutung.

Bei einigen Kakteenarten ist die Kutikula der Epidermis zusätzlich noch von einer weißlichen oder grauen Wachsschicht überzogen. Jene Wachsschicht kann als Folge ihres Aufbaues auch eine gewisse bogenförmige Zeichnung auf der Epidermis aufweisen.

Unter der oben beschriebenen Epidermis finden wir eine aus mehreren Zellagen bestehende, zusammenhängende Kollenchymschicht, einem aus lebenden Zellen bestehenden Stützgewebe, dessen Wände ungleich dick sind. Diese Schicht ist lediglich durch die Atemhöhlen unterbrochen, die jeweils unter den Spaltöffnungen angeordnet sind. Unter der Kollenchymschicht liegt die dicke, chlorophyllführende Rinde, die nahezu ausnahmslos aus kugelförmigen Grundgewebezellen aufgebaut ist. Die Zellen des farblosen Grundgewebes sind mit einem mehr oder weniger wäßrigen Schleim gefüllt.

Im Gewebe des Pflanzenstammes bleiben die Zellen verhältnismäßig lange teilungsfähig. Sie tragen somit in erheblichem Maße durch Teilung weitgehend zum Dickenwachstum des Stammes bei. So ist es nur allzu verständlich, daß viele Kakteenstecklinge bereitwillig Wurzeln bilden. Die ausgeprägte Fähigkeit zur Zellteilung trägt auch dazu bei, daß zahlreiche Kakteen relativ leicht aufeinander gepfropft werden können, sofern dies sinnvoll ist. Hierzu mehr im Kapitel „Pfropfen".

Bei einigen Mammillarien kennt man sogenannte Milchsaftschläuche, die bei der systematischen Eingruppierung eine wichtige Rolle spielen. Jene Schläuche enthalten einen zähflüssigen, milchigen Saft, der bereits nach leichter Verletzung der Pflanze herausquillt und sich nach der Verhärtung allmählich gelblich verfärbt. Eine chemische Analyse ergab, daß dieser Milchsaft aus einem Gemisch aus kautschukähnlichen Stoffen und Harz besteht. Diese Milchsaftschläuche durchziehen vereinzelt das Innere der Pflanze und verdichten sich nach außen. Untereinander sind sie netzartig im Grundgewebe verbunden; sie erstrecken sich bis in die äußersten Hautschichten, selbst noch im Wurzelgewebe.

Wie alle anderen Pflanzen weisen auch Kakteen bestimmte Leitbündel aus. Ringförmig sind sie in jungen Trieben angeordnet; viele Jahre bleiben sie oftmals durch deutliche Markstrahlen getrennt. Es dauert mitunter einige Jahre, bis sich die getrennten Leitbündel durch Interfaszikularbündel, durch neugebildete Leitbündel, zu einem geschlossenen Ring verbinden. Zu diesem Leitbündelring kommen bei einigen Arten noch zusätzlich mehr oder weniger isolierte rinden- oder markständige Leitbündel vor.

Einerseits wissen wir, daß Kakteen zu einem Großteil aus Wasser bestehen. Um so erstaunter ist man, wenn man gesehen hat, daß einige Kakteenarten recht widerstandsfähiges Holzmaterial liefern. Dieses Sekundärholz besteht aus den gleichen Elementen wie die primären Holzteile, die uns im weitläufigen Sinne unter dem Begriff „Holz" bekannt sind. Bei den bekannten baumförmigen *Cereus*-Arten ist das gewonnene Holz nicht nur recht widerstandsfähig, sondern auch sehr fest. Es wird teilweise als Bauholz oder sogar zur Möbelherstellung verwendet.

Die lange Zeit durch permanente Teilung wachstumsfähige Epidermis wird später durch ein Sekundärgewebe, dem Periderm, ersetzt. Dieses Periderm entsteht in der unter der Epidermis liegenden Schicht, der Hypodermis oder auch im Grundgewebe. Vor allem Säulenkakteen sind sehr kräftig und biegungsfest konstruiert. Bei den Arten ohne festen und stabilisierenden Holzkörper ist für die Stabilität auch der hohe Innendruck, der Turgor, der schleimhaltigen Grundgewebszellen verantwortlich und ergänzend dazu auch die stark verdickte Epidermis. Die ausgeprägte Rippenbildung trägt ebenfalls in entscheidendem Maße zur Stabilität und Biegungsfestigkeit der säuligen Kakteen bei.

▸ Die Blüte

Während die bizarre Form der Kakteen die einen beeindruckt, bewundern andere wiederum die herrlichen Blüten, die in Größe, Form und Farbe sehr variabel sind. Wir kennen weiße, dunkelrote, hellrote, orangefarbene, gelbe, violette, ja sogar blaue Blüten. In diesen Farben finden wir eine Fülle an farblichen Abstufungen.

Meist sind Kakteenblüten ungestielt und besitzen einen unterständigen Fruchtknoten, der becherförmig vom Pericarpell, dem Achsengewebe, umhüllt ist. Das Pericarpell kann bedornte Areolen, Blätter, Wolle und Schuppen tragen. Der Achsenbecher, der den Fruchtknoten umhüllt, kann bei einigen Kakteenarten zu einer Röhre, dem Rezeptakulum, verlängert sein, das sowohl beschuppt als auch mit bedornten Areolen besetzt sein kann. Die Sproßnatur des Rezeptakulums nimmt immer mehr ab, je höher die jeweilige Art entwickelt ist. An der Innenwand des Rezeptakulums finden wir zahlreiche Staubblätter. Bei *Lobivia*-Arten können die Staubblattbasen des äußersten Staubblattkreises unter Einbeziehung des Rezeptakulums ein sogenanntes Hymen, einen Schlundkranz, bilden. Die Nektarkammer enthält eine honigähnliche Substanz.

Neben dem allgemein bekannten radiären Bau der Kakteenblüte kennen wir auch sogenannte zygomorphe, also zweiseitig symmetrische Blüten. Sie treten bei Kakteengattungen auf, die man auch als vogelblütig bezeichnet, da am Heimatstandort oftmals Kolibris die Blüten bestäuben. Zu diesen Gattungen zählen unter anderem *Matucana, Aporocactus, Cochemiea, Cleistocactus, Loxanthocactus* usw.

Kakteenblüten erscheinen meist an den Areolen, lediglich bei hochentwickelten Gattungen treten sie infolge beginnender serialer Spaltung des Vegetationskegels aus furchenförmig verlängerten Einsenkungen über der Areole aus. Bei kompletter Spaltung des Vegetationskegels entspringen Kakteenblüten auch aus den zwischen den Warzen liegenden Axillen.

Einige Kakteengattungen zeichnen sich dadurch aus, daß sie sogenannte Cephalien bilden. Es handelt sich um bestimmte Blühzonen, die man an der konzentrierten Ansammlung von Borsten und Wolle erkennt, die die Pflanzen im blühfähigen Alter ausbilden. Wir kennen Cephalien unter anderem bei den Gattungen *Melocactus, Discocactus, Buiningia, Espostoa, Vatricania*.

▸ Die Bedornung

Zu den attraktivsten und gleichzeitig charakteristischsten Merkmalen der Kakteen gehört zweifellos die oftmals herrliche Bedornung. Allgemein spricht man zwar von „Kakteenstacheln", die aber umgebildete Blätter und damit botanisch

Die besondere Biologie der Kakteen

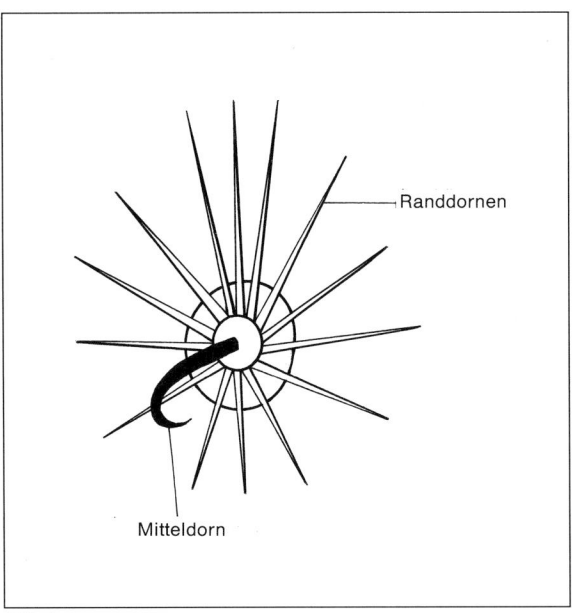

Der schematische Aufbau einer Areole am Beispiel Ferocactus.

korrekt „Dornen" sind. Bleiben wir also künftig bei diesem Begriff, wenn wir uns mit Kakteen beschäftigen.
Der Habitus von Kakteen läßt sich kaum mit den uns bekannten blättertragenden Pflanzen vergleichen. Die Körper von Kakteen sind höckerig, gerippt, warzig, kantig usw. Darüber hinaus besitzen Kakteen keine Blätter. Allerdings kennt man zum Beispiel mit der Gattung *Pereskia* Pflanzen, die zwar einerseits Äste und Blätter bilden, aber andererseits auch typische Kakteenblüten zeigen. Diese meist reich verzweigten Sträucher mit runden, schwach sukkulenten Trieben besitzen absolut normale Blätter, wie man sie von laubtragenden Bäumen kennt. Allerdings sitzen in den Blattachsen der *Pereskia*-Arten kleine Dornenpolster mit leicht abbrechenden, jedoch ungleich langen Dornen. Man bezeichnet diese Dornenpolster als Areolen. Jene Areolen sind nicht allein ein charakteristisches Merkmal, sondern sie stellen ein eminent wichtiges Bindeglied innerhalb der Familie der Kakteen dar. Da diese Areolen in dieser Form bei keiner anderen Pflanzenfamilie zu finden sind, kann man davon ausgehen, daß *Pereskia* wohl die ursprünglichste Kakteengattung überhaupt ist.
Es würde bei weitem den Rahmen dieses Buches sprengen, wollte man auf die Bedornung einer jeden Kakteenart besonders eingehen. Nahezu jeder Kaktus ist anders bedornt. Mitteldornen sitzen meist mittig in der Areole und stehen mehr oder weniger steif nach oben oder unten oder auch fast waagerecht ab. Randdornen haben ihren Platz – wie der Name schon verdeutlicht – am Areolenrand und liegen entweder dicht am Pflanzenkörper an oder stehen weit gespreizt ab. Meist sind die Rand- und Mitteldornen in Form und Aussehen sehr unterschiedlich. Je nach Art und Standort kennt man dicht anliegende, gespreizt abstehende oder biegsame, sehr elastische Randdornen. Auch die Mitteldornen sind ungeheuer variabel: nicht nur sehr lang oder auch kurz, sie können wehrhaft kräftig oder auch sehr biegsam sein, mit oder ohne Endhaken. Und erst die Farbenvielfalt bei den Dornen: von Schwarz bis Grau, von Rot bis Rosa, von Gelb bis Orange kommen die unterschiedlichsten Schattierungen vor. Wenn man einerseits die bizarre Form und die Farbigkeit der Mitteldornen bewundert, so muß man andererseits erkennen, daß sie oftmals zur Abwehr dienen – eine Aufgabe, die sie zweifelsohne mit Bravour bewältigen. Die dünneren, oft sehr dichten und hellen Randdornen stehen mehr oder weniger gedrängt um die Areolen herum und schirmen sehr häufig die Pflanze vor allzu intensiver Sonnenbestrahlung ab.
Einige Kakteen nutzen die hakige Bedornung als Mittel zum Zweck: leicht abbrechende Sprosse (wie von *Mammillaria prolifera*) haken sich im Fell von vorbeistreifenden Tieren fest, die sie dann irgendwo wieder verlieren. Nach dem Anwurzeln beginnt der Kreislauf aufs Neue. Sehr unangenehm sind sowohl die dolchartigen, langen Dornen von einigen sehr bewehrten Kakteen wie auch die winzigen Glochiden, die nur bei der Unterfamilie der Opuntioideae vorkommen. Jene Glochiden sind winzige Dornen, die sich leicht in die Haut bohren und – Dank ihrer Widerhäkchen – oft auch darin steckenbleiben.

Zu vielen Tausend gebündelt, scheinen sie weiche, unscheinbare Polster (zum Beispiel *Opuntia microdasys* var. *rufida*) zu bilden. Man täuscht sich meist sehr schmerzhaft! Ausgesprochen raffiniert sind die Dornen von *Opuntia tunicata* (früher *Cylindropuntia tunicata*) beschaffen: Jeder Dorn ist von einer häutigen Hülle umgeben, die an der Spitze zahlreiche Widerhäkchen besitzt – eine Eigenart, die sie ausgesprochen anhänglich macht. Vorsicht ist hier immer geboten!

Auch Kakteen können Blätter tragen

Eine weitere Besonderheit ist die vorübergehende Blattbildung bei einigen Kakteen der Unterfamilie der Opuntioideae, zum Beispiel bei *Maihuenia poeppigii*, *Opuntia vestita*, *O. subulata* (früher *Austrocylindropuntia*). Nach einigen Wochen vertrocknen die fleischigen Blätter und fallen dann wieder ab.

Das Wurzelwerk

Besonders lange Trockenheiten halten Kakteen aus, die eine ausgeprägte Rübenwurzel mit entsprechender Speicherfunktion besitzen, wie etwa die Vertreter der Gattungen *Lophophora*, *Sulcorebutia*, *Ariocarpus*, *Neochilenia* und andere. Die meisten Kakteen sind jedoch ausgesprochene Flachwurzler, die in der Lage sind, mit ihrem unmittelbar unter der Erdoberfläche verlaufenden Wurzelsystem auch geringste Niederschläge rasch aufzunehmen. Eine geniale Eigenschaft!

Ausdehnen und Schrumpfen

Eine weitere besondere Fähigkeit haben Kakteen im Laufe ihrer Entwicklung herausgebildet, um das Überleben in ariden Gebieten zu ermöglichen. Die Rippen vieler Kakteen können sich bei üppiger Wasseraufnahme ausdehnen und bei sinkenden Wasservorräten wieder zusammenziehen. Dennoch bleibt der Gesamthabitus der Pflanze weitgehend erhalten. Diese erstaunliche Einrichtung konnte im Laufe der Evolution ihre Berechtigung immer wieder unterstreichen. Ganz besonders ausgeprägt ist die Lamellen- bzw. Rippenbildung bei *Echinofossulocactus*. Bei einigen dieser Arten und ausgewachsenen Pflanzen können sich mitunter mehr als hundert dünne Rippen auf die Trockenheit beziehungsweise auf die Niederschläge einstellen. Ähnlich einer Ziehharmonika reagiert der Kaktus dann auf die augenblicklich verfügbaren Wassermengen.

Bei langer Trockenheit verringern die relativ dünnen, lamellenartigen Rippen ihre Abstände zueinander, weil die Pflanze ja eine gewisse Menge ihrer Wasserreserven im Laufe der Zeit verbraucht. Gleichzeitig wird dadurch die Oberfläche der Pflanze und damit auch die Verdunstungsfläche erheblich reduziert. Darüber hinaus bedecken die sich über dem Kaktus verstärkt zusammenziehenden Dornen den Pflanzenkörper besser, weil dieser Zusammenzieheffekt zwangsläufig keine andere Möglichkeit zuläßt. Durch diese Maßnahme wird die Sonneneinstrahlung auf den Kakteenkörper weiter abgeschirmt.

Die Stellung der Kakteen im Pflanzenreich

Man weiß heute, daß Kakteen eine noch relativ junge Pflanzengruppe darstellen, zumal sich viele von ihnen noch in ihrer vollen Entwicklungsphase befinden. Einige Gattungen bilden sogar noch engste Übergänge, wie sich aus diversen wissenschaftlichen Publikationen neuester Zeit entnehmen läßt. Ganz aktuell sind gewisse Parallelen zwischen den Gattungen *Notocactus* und *Parodia*, die in Sammlerkreisen für eine überaus verständliche Unruhe gesorgt haben, da viele engagierte Kakteenfreunde gewisse hypothetische Mutmaßungen nicht nachvollziehen können oder auch wollen.

Die Heimatstandorte der Kakteen

Die Heimat der Kakteen beschränkt sich ausschließlich auf den amerikanischen Kontinent. Opuntien, die im Mittelmeerraum vorkommen,

Die besondere Biologie der Kakteen

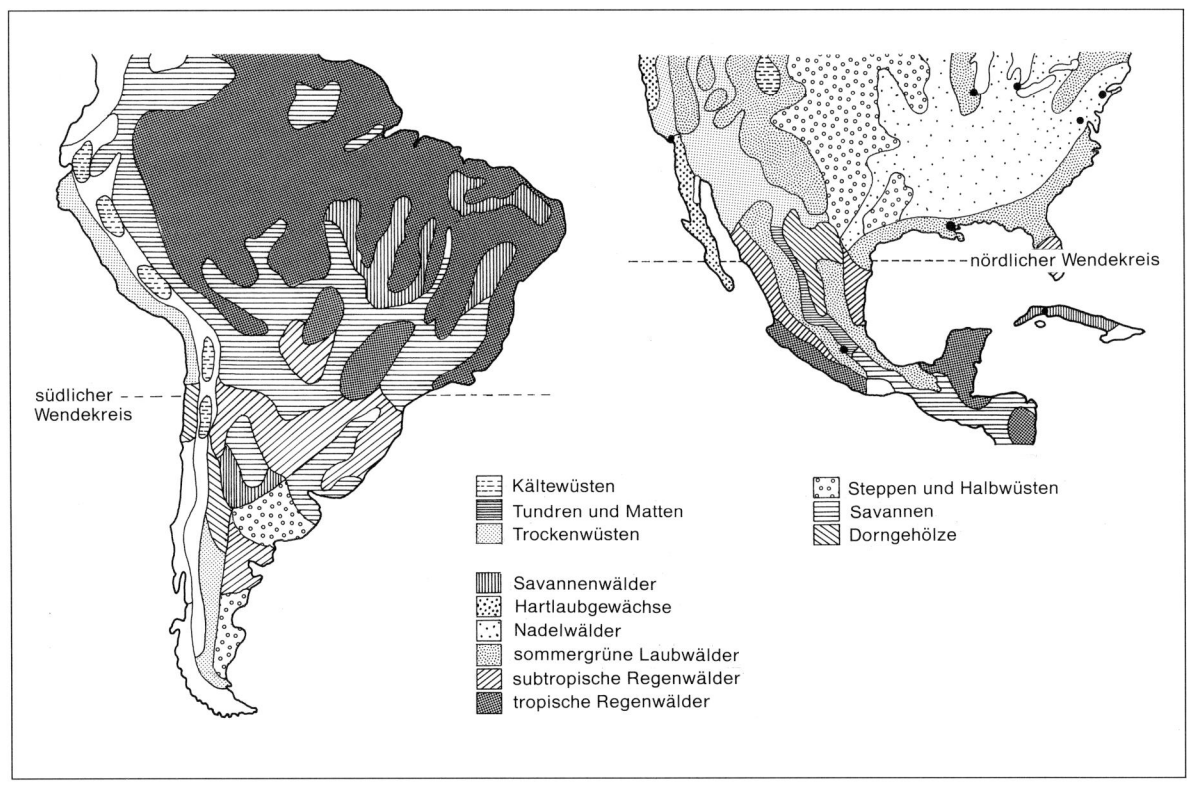

Vegetationszonen in Südamerika.

Vegetationszonen in Mittelamerika.

sind dort nicht beheimatet, sondern lediglich verwildert! Die geographische Verbreitung der Kakteen spiegelt die Entwicklung und Ausbreitung der Gattungen und Arten wider; sie stellt verständlicherweise für viele Autoren eine relevante Basis für eine überschaubare Systematisierung dar.

Vom hohen Norden bis in den tiefen Süden
Die nördlichsten Standorte der Kakteen befinden sich am Peace River in Kanada (57 Grad nördlicher Breite). Dort findet man beispielsweise *Opuntia compressa*. Und auf kanadischem Gebiet kommen noch weitere Arten vor, zum Beispiel *Opuntia fragilis* und *Corypantha vivipara*. Ihren südlichsten Standort erreichen die Kakteen nahe der Magellanstraße in Argentinien. Bei 49 Grad südlicher Breite, bei San Julian in Patagonien, wachsen *Pterocactus australis, Maihuenia patagonica* und *Tephrocactus (Opuntia) darwinii*. Man

nehme sich eine Landkarte des amerikanischen Kontinentes und verdeutliche sich: auf einer Strecke von etwa 12 000 km – quer durch nahezu alle Klimazonen – findet man die unterschiedlichsten Kakteenvorkommen, teils treten dort Kakteen sehr spärlich auf, teils findet man ungeheuer artenreiche Vorkommen. Es ist im Grunde selbstverständlich, daß sich jene sukkulenten Pflanzen nur entwickeln und behaupten konnten, weil sie sich den extremen klimatischen Bedingungen in geradezu idealer Weise angepaßt haben.

Während sich in nördlichen Verbreitungsgebieten meist nur flach auf den Boden gepreßte Opuntien vor den grimmigen Frosttemperaturen schützen können, nimmt die Anzahl der Arten und Gattungen stetig zu, je weiter man nach Süden bis Mexiko vordringt. Obwohl Mexiko entwicklungsgeschichtlich als Ausgangspunkt der Kakteen angesehen wird, findet man ebenso interessante und bedeutende Kakteenvorkommen in Argentinien, Chile, Peru, Brasilien, Paraguay, Bolivien, Uruguay usw. Zwar sind Kakteen überwiegend in trocken-heißen Gebieten beheimatet, aber ebenso im feucht-warmen Amazonastiefland findet man Kakteenarten – und selbst noch in den Hochlagen der Anden mit regelmäßig auftretenden Nachtfrösten, oberhalb von 4000 m über dem Meer. Kakteen haben sich im Laufe ihrer Entwicklung den vielfältigen klimatischen Bedingungen angepaßt.

◣ Welches Klima brauchen Kakteen?

Immer wieder taucht die Frage nach den idealen Kulturmöglichkeiten für Kakteen und andere Sukkulenten auf. Selten glauben Kakteenliebhaber oder jene, die es werden wollen, daß es keine allgemein gültigen Pflegetips gibt. Bewundernswert ist, daß trotz ihrer Herkunft aus den unterschiedlichsten Klimagebieten, die meisten Kakteen in Kultur recht problemlos gedeihen, wenn man die heimatlichen Klima- und Standortbedingungen zumindest ungefähr erreicht. Sogar epiphytische Kakteen, die überwiegend aus den brasilianischen Küstenstaaten São Paulo und Rio de Janeiro stammen und in ihrer Heimat gleichbleibende hohe Temperaturen und fast keine Trockenperioden kennen, lassen sich in unseren zentralbeheizten Wohnungen kultivieren.

Außer im Norden des amerikanischen Kontinents findet man vor allem im Süden hochinteressante Kakteenstandorte mit den unterschiedlichsten Klimabedingungen. Die westliche Seite der Anden zum Pazifischen Ozean hin wird von Nordperu bis Mittelchile von Halbwüsten bestimmt. In diesen sehr niederschlagsarmen Gebieten hat sich ein artenreiches Kakteenvorkommen entwickelt, wenn auch die Pflanzen dort überaus langsam wachsen.

In den höheren Andenlagen fallen die Sommermonate erheblich regenreicher an, und die Winter sind sehr trocken. In größeren Höhen nehmen die jährlichen Durchschnittstemperaturen weiter ab, und einige Monate lang können durchaus Fröste auftreten. In diesen Gebieten sind besonders viele Liebhaberkakteen beheimatet,

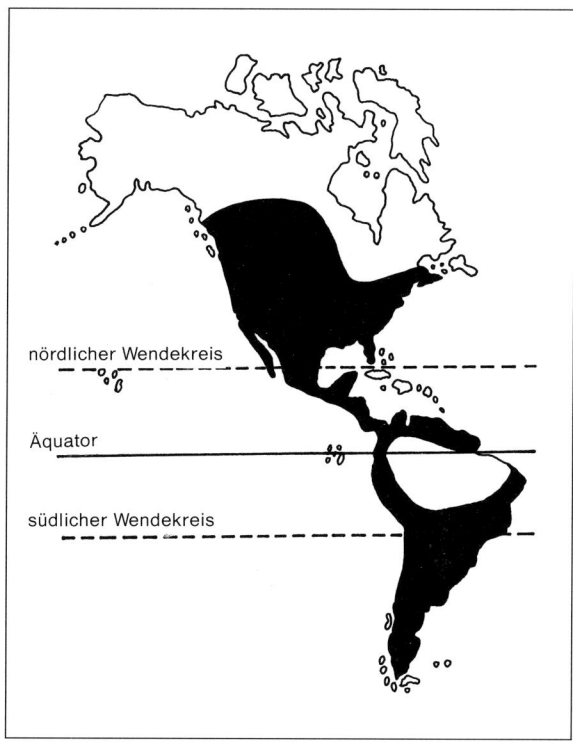

Der amerikanische Kontinent (Nord-, Mittel- und Südamerika) ist die Heimat der Kakteen.

so zum Beispiel aus den Gattungen *Parodia, Lobivia, Rebutia, Sulcorebutia* usw. Innerhalb weniger Kilometer kann sich das Klima von Standort zu Standort ändern. Hinzu kommen auch mitunter besondere Bodenzusammensetzungen, an die sich die Vegetation angepaßt hat. Die nebenstehenden Kurzinformationen vermitteln wesentliche Aufschlüsse über die Klimaverhältnisse an den Heimatstandorten der Kakteen.

Bevor man sich einer besonders schwierigen Gattung oder einer bestimmten, raren Art zuwendet, sollte man erst eingehend prüfen, ob man die gewünschten Klimaansprüche überhaupt bieten kann. Dazu bemüht man die (meist vorhandenen) Herkunftsangaben in der einschlägigen Fachliteratur und entsprechende Klimakarten. Anhand des Klimatyps und der Angaben zu den heimatlichen Standorten läßt sich leicht eine solide Basis für eine erfolgreiche Kakteenkultur ableiten.

Die besondere Biologie der Kakteen

Klimaverhältnisse an den Kakteenstandorten

Trockenes Hochland- und Gebirgsklima
Trockene, kühle Winter, eventuell auch leichte Fröste, mitunter heftige, anhaltende Sommerregen
Regionen: Mexikanisches Hochland, gebirgige Gebiete von Bolivien, Nordargentinien, Peru

Warmes Wüstenklima
Sehr warm und ohne Fröste, teilweise sehr geringe und unregelmäßige Regen
Regionen: Küstenwüsten von Nordchile bis Peru, Niederkalifornien

Tropisches Trockenklima
Winterliche Trockenzeit, aber gleichmäßig warm mit einer Regenzeit im Sommer
Regionen: die Staaten Minas Gerais und Bahia im Osten Brasiliens

Feuchtes Subtropenklima
Keine ausgesprochene winterliche Trockenzeit, warmes, mildes Klima mit gleichmäßigen Niederschlägen
Regionen: der Staat Rio Grande do Sul im Südosten Brasiliens, Paraguay, Uruguay

Halbwüsten mit Winterregen
Ausgiebige Niederschläge im Winter, frostfrei, lange, sommerliche Trockenzeit
Regionen: Südkalifornien, Mittelchile

Regenwaldklima
Hohe Niederschläge, gleichmäßig über das Jahr verteilt, Wärme ohne große Schwankungen
Regionen: Atlantikküste von Zentralamerika und Mexiko, Gebirge der Ostküste Brasiliens (die Staaten São Paulo und Rio de Janeiro)

Kennen & Pflegen

Die schönsten und interessantesten Kakteen

Acanthocalycium klimpelianum. Diese ausnehmend hübsche Art wächst in der nordargentinischen Provinz Córdoba in etwa 1000 m Höhe auf Trockenwiesen, auf Geröllhalden und vereinzelt auch in Felsspalten. Die meist flachkugelige, dunkelgrüne Pflanze mit etwa 19 kantigen Rippen weist stark stechende, hellgraue bis bräunlich bespitzte Dornen auf. Aus den gattungstypisch beschuppten Knospen erscheinen im Frühjahr die etwa 6 cm breiten, schneeweißen Blüten, die mehrere Tage halten. Zur Gattung *Acanthocalycium* zählen etwa 12 beschriebene Arten, die mitunter zu *Lobivia* oder zu *Echinopsis* gestellt werden. Es ist eine überschaubare Gattung mit einigen dankbaren, recht robusten Pflanzen.

Ariocarpus kotschoubeyanus. In Habitus und Farbe paßt sich dieser Kaktus perfekt seiner Umgebung an, so daß er in nichtblühendem Zustand am Standort in Zentralmexiko kaum zu erkennen ist. Er wächst dort auf tonig-lehmigen bis steinigen Böden. Auf dicker, tief im Boden sitzender Rübenwurzel überdauert diese Art auch längere Trockenheit. Die etwa 3 bis 5 cm breiten, kurzröhrigen, karminroten Blüten erscheinen in Kultur im Spätsommer in Scheitelnähe aus jüngeren Warzen. Alle Arten der Gattung *Ariocarpus* (sie umfaßt etwa 5 Arten) sind keine Pflanzen für Anfänger. Überlebenschancen haben diese herrlichen Kakteen nur, wenn sie von erfahrenen Spezialisten und im Gewächshaus kultiviert werden.

Ariocarpus trigonus. Der Artname bezieht auf die Form der Warzen (griech. *trigonus* = dreieckig). Auf Kalksteinhügeln im Tal von Jaumave in den mexikanischen Bundesstaaten Tamaulipas und Nuevo León wächst dieser Kaktus in sandig-kiesigem, auch lehmigem bis schiefrigem Boden auf 400 bis 1100 m Höhe. Durch eifrige Sammler ist er am Heimatstandort bereits stark dezimiert. Ältere Exemplare bilden herrliche Gruppen. Am Standort ragen die Warzen auf dicker Rübenwurzel oft nur wenige Zentimeter aus der Erde heraus. Nur in sehr sonnigen Jahren erscheinen bei uns an älteren Pflanzen im Sommer die 4 bis 5 cm breiten, gelben Blüten. Diese Art gehört in die Hände eines erfahrenen Sammlers mit Gewächshaus.

Arrojadoa rhodantha. Die Pflanze wächst in steinigen Gebieten Ostbrasiliens in den Bundesstaaten Minas Gerais und Bahia in 400 bis 900 m. Mit Sprossen bis zu 2 m Länge und 2 bis 5 cm Dicke wachsen sie anfangs aufrecht, jedoch später liegend mit aufstrebender Tendenz. Typisch für die Gattung sind die endständigen Cephalien, die in der nächsten Vegetationsperiode durchwachsen werden, wodurch Ringe entstehen. Aus den Borstenringen erscheinen die Blüten. Die anfangs hellbraunen Dornen vergrauen später. Die 3 bis 4 cm langen, röhrenförmigen, rotvioletten Blüten öffnen sich meist in den Abendstunden. Die Gattung umfaßt etwa 8 Arten; für Anfänger sind sie – mit Ausnahme von *A. rhodantha* – wenig geeignet.

Astrophytum asterias. Beheimatet ist die Art im mexikanischen Staat Tamaulipas. In der Trockenzeit können sich die Pflanzen auf Bodenniveau zurückziehen. Die Aufnahme zeigt eine der Hybriden, wie sie meist im Handel angeboten werden. Die unbedornte Art besitzt meist 8 Rippen. Die flachkugeligen, graugrünen Körper sind mehr oder weniger dicht mit weißen Wollflöckchen besetzt. In Scheitelnähe erscheinen in den Hoch- oder Spätsommermonaten trichterförmige, gelbe Blüten mit dunkelrotem Schlund, die 6 bis 7 cm im Durchmesser erreichen können. Die interessante kleine Gattung umfaßt etwa 6 Arten. Ihr Verbreitungsgebiet erstreckt sich von Mexiko bis Texas. Nur erfahrene Sammler sollten sich an *A. asterias* wagen.

Astrophytum myriostigma. Die berühmte „Bischofsmütze" zählt zu den beliebtesten Kakteenarten. Im zentralen bis nördlichen Hochland von Mexiko ist dieser völlig dornenlose Kaktus beheimatet. Von tiefen Lagen bis in Höhen von über 2000 m wächst er auf überwiegend mineralischen Böden. Das typische *A. myriostigma* mit 5 Rippen (selten mit 3 bis 4 oder 6 bis 8) ist mit unzähligen winzigen, weißen Wollflöckchen besetzt. Die seidig glänzenden, gelben, bis 6 cm breiten Blüten öffnen sich in den Sommermonaten bei vollsonnigem Stand. Gut gepflegte Exemplare blühen ab 3 cm Durchmesser zuverlässig. Alte Pflanzen können im Laufe der Jahrzehnte 40 bis 60 cm hoch werden. Auch für Anfänger zu empfehlen.

Astrophytum senile. Im mexikanischen Staate Coahuila wächst dieser Kaktus auf steinigem, lehmig-mineralischem Boden im Gebirge. Die Art ist teilweise von gewundenen, wirren, büschelartigen Dornen eingehüllt. Sehr variabel fällt die Färbung der Dornen aus, die grau bis rostrot oder braun bis schwarz sein kann. Die dunkelgrüne Epidermis ist fast immer völlig unbeflockt. Die 8- bis 9rippige Pflanze kann im Alter 30 cm Höhe und 10 cm im Durchmesser erreichen. Hübsch sind die 6 bis 8 cm breiten, gelben Blüten mit rotem Schlund, die bereits an drei- bis vierjährigen Exemplaren bei sehr sonnigem Stand erscheinen. Nicht unter 10 °C überwintern, weil die Pflanze sonst rotbraune Kälteflecken bekommt. Keine Anfängerpflanze.

Aztekium ritteri. Die monotypische Gattung wächst an Schieferwänden und unterhalb davon in verdichtetem Geröll im mexikanischen Bundesstaat Nuevo León. Obwohl erst 1928 entdeckt, wurde die Pflanze durch systematisch vorgehende Sammler nahezu ausgerottet. Die eigenartige Faltung der 9 bis 12 Rippen soll an fein ziselierte Steinskulpturen der Azteken erinnern. Die graugrünen, kurzrübigen Pflanzen erreichen wurzelecht 4 bis 5 cm im Durchmesser. Die wenigen borstigen Dornen fallen leicht ab. Weiße bis rosafarbene Blüten mit 10 mm Durchmesser erscheinen im wolligen Scheitel im Spätsommer bei sehr sonnigem Stand. Die sehr schwierige Pflanze ist nur gepfropft dauerhafter. Nur für erfahrene Kakteenfreunde.

Blossfeldia liliputana. In Nordargentinien und Bolivien wächst dieser Kaktus, ein Kakteen-Winzling, seiner Umgebung angepaßt, an steinigen Wänden. Helmut Fechser, einer der besten Kenner der Art, umschreibt den Standort: „Steile Schieferwände, die recht feucht sind und nur wenig Sonne erhalten." Auch 800 km südlich von Jujuy fand er Blossfeldien in absonniger Lage auf felsigem, aber humusreichem Gestein unter Büschen. Die graugrünen Kakteen auf rübiger Wurzel werden nur etwa 15 mm breit. Die ungerippten, dornenlosen oder mit winzigen Dornenrudimenten bedeckten Körper bilden im Alter interessante Polster. Nur etwa 10 mm Durchmesser erreichen die hellgelben bis weißlichen Blüten. Keine Anfängerpflanze.

Buiningia brevicylindrica. Der holländische Kakteenforscher A. F. H. Buining fand die Art 1966 in Brasilien, im Bundesstaat Minas Gerais nördlich des Rio Jequintinhonha, in mit Humus gefüllten Mulden erodierender Felsen zusammen mit erdbewohnenden (terrestrischen) Orchideen und Bromelien. Die kurzzylindrische (lat. *brevicylindrica*) Pflanze kann im Alter 30 cm hoch werden. Nahezu erwachsene Exemplare bilden ein etwas seitlich stehendes, weißwolliges, gelbdorniges Cephalium. Nur bei sehr sonnigem, ganzjährig warmem Standort erscheinen im Sommer die 15 mm großen, gelblichen Blüten. Die morphologisch interessante Pflanze gehört in die Hände erfahrener Sammler, die über entsprechende Bedingungen verfügen.

Cleistocactus strausii. Der beeindruckende Kaktus wächst im unwegsamen Gebiet im Norden Argentiniens, an der bolivianischen Grenze in Höhen bis etwa 1800 m in dunklem Eruptivgestein. Er zählt zu den schönsten Säulenkakteen. Ausgewachsen erreichen die 7 bis 10 cm dicken, weißborstigen Säulen 2 bis 2,50 m Höhe. Im Laufe der Jahre können sich attraktive Gruppen bilden. Besonders hübsch wirkt *C. strausii,* wenn sich die weinroten Röhrenblüten im Frühsommer zwischen den Borstendornen herausschieben; bei alten Exemplaren können pro Saison oft Hunderte von Blüten erscheinen. Prächtig wirkt dieser Kaktus als Kübelbepflanzung oder frei ausgepflanzt im Gewächshaus. Häufiges Lüften ist wichtig! Gute Anfängerpflanze.

Copiapoa tenuissima. Die Küstenzonen der Kordilleren in der Provinz Antofagasta im Norden Chiles sind die Heimatstandorte dieser kleinblühenden Art. Besonders auffallend ist die fast schwarze Epidermis. Die Kakteen schützen sich mit einer Wachsschicht oder mit Farbpigmenten vor dem heißen Wüstenklima auf den steinigen Felsenterrassen. Diese Art besitzt eine Rübenwurzel, mit deren Reserven sie lange Trockenheit überstehen kann. Die eher breit trichterförmigen, gelben Blüten erscheinen in den Spätsommermonaten in Scheitelnähe. Alle mehr als 40 benannten Arten der Gattung sind heikel in der Kultur. Sie verlangen einen trockenen, kühlen, jedoch frostfreien Winterstandort und mineralisches Substrat. Sparsam gießen.

Coryphantha bernalensis. Einer der ausgedehntesten Standorte liegt nördlich von Bernal (daher die Artbezeichnung) im mexikanischen Bundesstaat Querétaro. Der überwiegend steinige Untergrund läßt dort nur eine karge Vegetation zu. Bei einer Höhe von 10 bis 12 cm erreicht *C. bernalensis* eine Dicke von 8 bis 9 cm. Im Laufe der Jahre bilden sich vielköpfige Gruppen. Im Spätsommer erscheinen die relativ kleinen, hellgelben Blüten mit dunklerem äußeren Mittelstreifen. Ganzjährig ist ein sehr sonniger Standort mit hohen Temperaturunterschieden zwischen Tag und Nacht sowie zwischen Sommer und Winter erforderlich. Die Gattung umfaßt mehr als 80 beschriebene Arten, die meist pflegeleicht sind.

Coryphantha greenwoodii (griech. *koryphe* = Scheitel; griech. *anthe* = Blüte). Beheimatet ist die Art im mexikanischen Bundesstaat Vera Cruz im Acultzingo-Tal und Umgebung, in Höhen zwischen 1000 und 1700 m. Der robuste, dunkelgrüne Kaktus weist eine kräftige, hellbraune Bedornung auf, die bei jungen Exemplaren noch etwas schwächer ist. Die Art ähnelt stark *C. andreae,* die im gleichen Gebiet wächst. Teilweise überschneiden sich die Populationen, so daß es zu Hybridenbildung kommen kann. Die Scheitel sind etwas bewollt. Durch die oberseits gefurchten Warzen bei blühfähigen Pflanzen ist die Gattung erkennbar. Die Blüten erscheinen im Spätsommer am Grunde der Furchen in den Axillen. Sämlinge können im dritten Jahr blühen.

Cryptocereus anthonyanus. Der Epiphyt aus den Regenwaldgebieten des mexikanischen Bundesstaates Chiapas gedeiht auf Ästen und Astgabeln und überzieht mitunter auch feuchte, absonnige Felswände. Die gekerbten, dunkel- bis hellgrünen Sprosse können 10 bis 15 cm breit und mehrere Meter lang werden. Die Dornen auf den Areolen sind winzig. Die duftenden Blüten – innen gelblich und außen purpur – erscheinen im Frühsommer und können 12 bis 15 cm lang und 17 bis 20 cm breit werden. Ein Hinweis auf die nahe Verwandtschaft zu *Selenicereus* sind die limonengroßen, bedornten Früchte. Nicht unter 10 °C überwintern und gleichmäßig feucht halten. Winterruhe ab Oktober–November bis Ende Februar, in dieser Zeit weniger gießen.

Discocactus horstii. Bei Serra do Barão, im brasilianischen Bundesstaat Minas Gerais, wächst der erst 1971 von Leopoldo Horst entdeckte Kaktus in Höhen um 1000 m. Am Standort zieht sich die kleine Pflanze in der Trockenheit in Quarzschichten zurück. Der braungrüne Körper auf rübiger Wurzel erreicht etwa 5 bis 6 cm im Durchmesser. Das weißwollige Cephalium kann 2 cm hoch werden. Die nächtliche, duftende weiße Blüte schiebt sich aus dem Cephalium heraus. Aber alle 20 beschriebenen Arten dieser Gattung sind besonders heikel und sollten nur von sehr erfahrenen Sammlern in gut temperierten Gewächshäusern kultiviert werden. Viele Arten sind am Standort gefährdet – dank übereifriger Sammler.

Echinocactus grusonii (griech. *echinos* = Igel). In seiner Heimat, den mexikanischen Staaten San Luis Potosí und Hidalgo, wurde dieser Kaktus – im Volksmund als „Schwiegermuttersessel" bekannt – unter Naturschutz gestellt. Er wächst dort in trockenem Wiesengelände und in Gebüschformationen auf steinig-mineralischem Substrat. Im Alter kann dieser gigantische Kaktus etwa 1,30 m hoch und bis 1 m dick werden. Jungpflanzen sind gewarzt, Rippen entwickeln sich erst nach einigen Jahren. Kräftige, gelbe, bis zu 4 cm lange Dornen sitzen auf den Areolen der etwa 30 Rippen. Sie wünscht ganzjährig einen temperierten, sehr sonnigen Standort. Im Winter nicht unter 8 °C. Die Gattung umfaßt etwa 10 Arten, aber *E. grusonii* ist als einzige leicht zu pflegen.

Echinocereus leucanthus (Wilcoxia albiflora). In Mexiko, in Südsonora und in Nordsinaloa, ist diese Art verbreitet. Früher war diese Art als *Wilcoxia albiflora* bekannt, und die „Übersiedlung" in die Gattung *Echinocereus* hat noch nicht überall Fuß gefaßt. Auf rübiger Wurzel stehen – je nach Sonneneinstrahlung – grüne bis rotbraune, etwa 6 mm dicke Triebe. Interessanterweise neigt diese Art zu einem strauchigen Wuchs. Auf den winzigen Areolen sitzen 9 bis 12 kleine, dicht anliegende Dornen. Die weißen bis zartrosa Blüten mit dunklerem Schlund erscheinen seitlich und endständig auffällig ist das dicht bedornte Ovarium. Eine schwierige Pflanze und deshalb für Anfänger nicht geeignet. Die Gattung umfaßt etwa 10 Arten.

Echinocereus pentalophus (griech. *pentalophus* = fünfrippig). Die Art stammt aus den trokkenen, heißen Gebieten Nord- und Ostmexikos sowie Südtexas. Die fingerdicken, hellgrünen Triebe mit 4 bis 6 Dornen pro Areole bilden im Laufe der Jahre Gruppen. Auf Grund der weiten Verbreitung variiert die Art stark. Zur Blütezeit im Frühsommer erscheinen an älteren Exemplaren in Massen die bis 9 cm im Durchmesser erreichenden, karminvioletten Blüten mit hellem Schlund. Die formenreiche Gattung umfaßt mehr als 80 beschriebene Arten. *Echinocereus*-Arten entwickeln sich in gelüfteten Frühbeeten und Gewächshäusern wesentlich besser als auf einer Fensterbank. Bis auf wenige Ausnahmen sind sie gute Anfängerpflanzen.

Echinocereus reichenbachii var. albispinus. Aus den Wichita-Bergen in Oklahoma stammt diese bei uns nahezu völlig winterharte Art. Auf steinigen, sandigen Böden an Berghängen, an der Geröllgrenze, im Grasland und entlang von Waldrändern in Höhen zwischen 1500 und 2300 m findet man herrliche Gruppen. Bei uns erreichen diese Kakteen etwa 10 cm Höhe. Die rosa bis hellpurpurnen Blüten erscheinen im Sommer. Seit Jahren kultiviere ich diese Art am Rand des Schwarzwaldes in etwa 450 m Höhe. An einem vollsonnigen, nach Süden abfallenden Hang sind die Pflanzen in stark mineralisch-lehmigem Substrat ungeschützt der Witterung ausgesetzt. Bessere Blühergebnisse bringt ein Standort in einem gut belüfteten Frühbeet.

Echinocereus schmollii (Wilcoxia schmollii). Wiederum auf rübig verdickter Wurzel wächst diese weichfleischige Art, deren natürliches Verbreitungsgebiet sich im mexikanischen Bundesstaat Querétaro bei La Mision befindet. In unseren Sammlungen wird die Pflanze aus Haltbarkeitsgründen gerne gepfropft kultiviert; sie kann deshalb bis zu 15 mm dick werden, während sie am Heimatstandort Durchmesser von nur etwa 6 bis 8 mm erreicht. Die Art zeichnet sich durch eine sehr dunkle Epidermis aus, die 9 bis 10 flachen Rippen sind in kleine Höcker aufgelöst. Haarartig wirkt die wenig stechende, weißliche oder auch dunklere Bedornung. Nur für sehr erfahrene Kakteensammler geeignet! Blütezeit: in den Sommermonaten.

Echinocereus subinermis (lat. *subinermis* = fast unbewehrt). In den mexikanischen Bundesstaaten Durango, Sonora, Chihuahua und Sinaloa ist diese Art weit verbreitet. Vor allem auf den Bergen über Alamos in der Wüste von Sonora sollen sich größere Vorkommen befinden. Die anfangs flachkugeligen Pflanzen können im Alter leicht säulig werden und bilden dann auch mitunter durch Sprossung attraktive Gruppen. Auf den Areolen sitzen anfangs 3 bis 8 Randdornen und ein Mitteldorn von 5 mm Länge, später tragen sie nur noch 3 bis 4 und nur 1 mm lange Dornen. Die gelbliche Bedornung kann auch völlig fehlen. Die leuchtendgelben, bis 10 cm langen Trichterblüten sind außen leicht bräunlich gezeichnet. Hauptblütezeit sind die Frühsommermonate.

Echinocereus viridiflorus (lat. *viridiflorus* = grünblumig). Die variable Art ist auf dem Gebiet der USA (Colorado, South Dakota, Wyoming, Texas, New Mexico, Kansas, Oklahoma) beheimatet. Sie wächst auf überwiegend steinigem Untergrund, auf Geröllebenen, auf Schwemmland im Gras und in Waldrandnähe in Höhen zwischen 1400 und 2900 m. Selten mehr als 5 cm hoch wird der 2 bis 4 cm dicke, 13- bis 15rippige Kaktus. Seitlich erscheinen gelbgrüne Blüten mit einem bräunlichen Mittelstreifen auf den äußeren Blütenblättern. Sie öffnen sich oftmals nur so weit wie auf der Aufnahme erkennbar. Die Art braucht sehr viel frische Luft und hohe Temperaturunterschiede zwischen Tag und Nacht sowie zwischen Sommer und Winter.

Echinofossulocactus albatus (lat. *echinus* = Igel; lat. *fossula* = kleiner Graben, Furche). Nahezu alle Arten der Gattung wachsen in Nord- und Zentralmexiko in Höhen zwischen 1200 und 1600 m auf steinigen, sandig-lehmigen Böden. Eine Eigenart der Gattung sind die mehr oder weniger stark ausgeprägten Lamellen, die eine besonders große Assimilationsfläche garantieren. Ein Teil der Epidermis ist dadurch permanent beschattet. Diese Art zeichnet sich durch strahligweiße Rand- und bräunlichgelbe Mitteldornen aus. Die hellgelben, scheitelnahen Blüten erscheinen im zeitigen Frühjahr. Die Gattung umfaßt etwa 30 Arten bzw. bei großzügiger Auslegung nur mehr 10 Arten. Alle sind ausgezeichnete Anfängerpflanzen.

Echinofossulocactus phyllacanthus. Die überaus interessante Art kommt schwerpunktmäßig in Mittelmexiko und im mexikanischen Bundesstaat Hidalgo vor. Wie bei nahezu allen Arten der Gattung wird eine exakte Bestimmung durch die enorme Variabilität und die absolut fließenden Übergänge von einer Art zur anderen erschwert. Hinzu kommt, daß sich die Bedornung in unseren Sammlungen meist erheblich von jener am heimatlichen Standort unterscheidet, die dort 6 bis 8 cm Länge erreichen kann. Die Pflanzen weisen mehr als 30 Rippen auf. Die gelblichen, 1,5 bis 2 cm langen Blüten erscheinen bei vollsonnigem Winterstand im zeitigen Frühjahr. Eine Neubearbeitung der Gattung ist überfällig.

Echinofossulocactus vaupelianus. Wiederum sehr variabel ist diese in Mittelmexiko verbreitete Art, die im Alter hübsche Gruppen bilden kann. Die Pflanze weist 30 bis 40 lamellenartige, gewellte Rippen auf. Sie tragen weißwollige Areolen mit geraden oder leicht gebogenen, pfriemlichen, stark stechenden Dornen, die den Pflanzenkörper regelrecht einhüllen. Die cremefarbenen Blüten zeigen auf den äußeren Blütenblättern einen dunkleren Streifen. Alle *Echinofossulocactus*-Arten sind relativ problemlos zu pflegende Pflanzen, wenn man ihnen ganzjährig einen sehr sonnigen Standort, viel frische Luft und von Ende April bis Mitte September kontinuierlich eine leichte Feuchte garantieren kann. Trocken und kühl überwintern.

Echinofossulocactus violaciflorus. Diese hübsche Art wächst in Mexiko in der Nähe von Aguas Calientes sowohl in steinig-kiesigem als auch in grasigem Gelände. Zur Begleitflora zählen Agaven, terrestrische Bromelien, xerophytisches Strauchwerk usw. Karl Schumann versuchte den besser auszusprechenden Gattungsnamen *Stenocactus* einzuführen; aber nach den internationalen Regeln der botanischen Terminologie und Namensgebung ist die ältere Bezeichnung *Echinofossulocactus* gültig. Die kugeligen, im Alter leicht gestreckt wachsenden Pflanzen zeigen mehr als 35 Rippen mit sehr variabler Bedornung. Die etwa 3,5 cm breite, kurzröhrige Blüte zeigt auf weißlichem Fond kräftig purpurviolette Mittelstreifen.

Echinomastus macdowellii. In den überwiegend trockenen Gebieten der mexikanischen Bundesstaaten Coahuila und Nuevo León ist die Art verbreitet. Auf steinigem, felsigem Untergrund, in Mulden von Verwitterungsgestein und auf Trockenwiesen sind diese Pflanzen meist ungeschützt der Sonne ausgesetzt. Die kugelige, bis 10 cm breite Pflanze wird vollständig von dünnen, weißen Dornen eingehüllt. Trichterförmige, 3 bis 6 cm lange, rosenrote Blüten schieben sich in Scheitelnähe durch die dichte Bedornung. Alle Arten der Gattung werden heute von einigen Autoren zur Gattung *Thelocactus* gestellt, andere Arten zählen zu *Sclerocactus* oder zu *Neolloydia*. Wintertrockenheit und große Temperaturunterschiede zwischen Tag und Nacht sind notwendig.

Echinopsis. Das Verbreitungsgebiet der ungefähr 80 *Echinopsis*-Arten reicht vom Norden Boliviens bis nach Südargentinien, Paraguay, Uruguay, Peru, Chile bis in den Süden Brasiliens. Man findet sie im Tiefland, im Hochgebirge, auf trockenem und feuchtem Untergrund, auf steinigem wie auf humosem Substrat. Unter dem Begriff „Bauernkaktus" haben sich diese Pflanzen seit mehr als 150 Jahren einen festen Platz in den Sammlungen erobert. Sie zeichnen sich aus durch Langlebigkeit, Pflegeleichtigkeit und sind darüber hinaus sehr blühwillig. Die Blüten können bei einigen Arten deutlich mehr als 20 cm Länge erreichen. Mit Sicherheit handelt es sich bei den Arten dieser Gattung um die besten Einstiegspflanzen für Anfänger.

Echinopsis-Hybriden. Während die botanischen Arten weniger häufig in den Sammlungen anzutreffen sind, findet man um so mehr herrliche *Echinopsis*-Hybriden. Derartige Züchtungsprodukte sind anfangs wohl eher zufällig entstanden. Heute züchtet man gezielt, um besondere Blütenfarben zu erreichen. Dabei werden häufig Arten von *Lobivia* als Kreuzungspartner verwendet. Das häufig angestrebte Ziel sind kräftig bedornte und zudem herrlich blühende Hybriden, die es mittlerweile in nahezu allen Farbtönen gibt: Rubinrot, Hellrot, Orange, Lachsorange, Violett, Rosa, Gelb, Lila und weitere. Stellvertretend für die vielen herrlichen Blüten von *Echinopsis*-Farbhybriden sollen hier diese beiden etwa dreijährigen Jungpflanzen ihre Blütenpracht zeigen.

Echinopsis chamaecereus (Chamaecereus silvestrii, (griech. *chamae* = zwergig, niederliegend). Die monotypische Art wurde nur in den argentinischen Provinzen Salta und Tucumán gefunden. Sie wächst dort im grasbewachsenen Bergland. Die weichtriebige Pflanze bildet attraktive Gruppen. Die hellgrünen Triebe werden nur 1 bis 1,5 cm dick und 10 bis 15 cm lang. Ideal ist ein Sommerstand im Freien. Bei harter Haltung und völlig trockenem Substrat vertragen die Pflanzen Fröste bis −8 °C. Wichtig sind hohe Temperaturunterschiede zwischen Tag und Nacht sowie zwischen Sommer und Winter. Im ungeheizten, vollsonnigen Frühbeet des Autors produzieren jedes Jahr ältere Gruppen mehr als 100 Blüten. Empfehlenswerte Anfängerpflanze.

Echinopsis chamaecereus (Chamaecereus-silvestrii-Hybriden). Durch Kreuzung mit *Lobivia-* und *Echinopsis*-Arten sind herrliche Hybriden entstanden, die festere und gedrungenere Triebe haben und durch herrliche Blüten auffallen. Man kennt mittlerweile mehrere Rottöne und kräftige Farben in Orange, Weiß und Gelb. Zu erwähnen ist noch die häufig angebotene chlorophyllose, gelbe Form von *C. silvestrii,* die nur gepfropft auf einer chlorophyllführenden Unterlage (meist *Hylocereus undatus,* dauerhafter ist jedoch *Eriocereus jusbertii*) kultiviert werden kann. Frische Luft verlangen alle *E.-silvestrii-*Hybriden. Die Pflegebedingungen sind gleich wie bei der Ausgangsart, man sollte die Temperatur nicht unter 0 °C sinken lassen.

Encephalocarpus strobiliformis. Diese monotypische Gattung aus Mexiko ist am Typstandort bei Jaumave im Bundesstaat Tamaulipas nahezu ausgerottet. Der Kaktus hat sich seiner Umgebung ausgezeichnet angepaßt und hebt sich erst zur Blütezeit deutlich von ihr ab. Der kugelige, graugrüne Körper wird 4 bis 6 cm hoch und erreicht 3 bis 5 cm im Durchmesser. Blattartig angeordnete, feste Mamillen sind in 12 bis 16 Schrägzeilen angeordnet. Die wenigen Dornen an der Spitze junger Mamillen fallen bald ab. In Nähe des weiß-graufilzigen Scheitels erscheinen im Frühsommer violettrote, 2,5 bis 3 cm breite Blüten. Nur für die Kultur im Gewächshaus. Keine Anfängerpflanze. Rechts oben im Bild Blüten von *Graptopetalum bellum.*

Epiphyllum. In den letzten hundert Jahren wurden unglaublich viele Hybriden gezüchtet, die durch Blühwilligkeit und prächtige Farben überzeugen. Die gezeigte Hybride steht stellvertretend für die anderen. Als epiphytische Bewohner des tropischen Regenwaldes wachsen die Ahnen der heutigen Hybriden ebenso in Costa Rica, in Guatemala, in Panama und Honduras wie auch im Norden Südamerikas und in den mexikanischen Staaten Chiapas und Oaxaca. Andere Arten der Gattung sind in Brasilien, Venezuela, Bolivien, Peru, British Guyana und Trinidad beheimatet. Diese Kakteen eignen sich ideal als Anfängerpflanzen und für Sammler mit viel Platz. *Epiphyllum-*Hybriden nehmen auch nicht gleich jeden Pflegefehler übel.

Epithelantha micromeris. Es soll sich um eine monotypische Gattung mit einer Art und verschiedenen Varietäten handeln, die in einem großen Verbreitungsgebiet in Mexiko vorkommt. Auffallend ist, daß diese Kakteen oft in nahezu reinem Kalkschotter bzw. auf Kalkhügeln wachsen. Die Standorte in 500 bis 1300 m Höhe sind sehr trocken und sonnig. Durch Sprossung entstehen attraktive Gruppen. Bei guten Bedingungen werden diese Kakteen etwa 8 cm hoch und 4 cm breit. Die winzigen weißen Dornen liegen dicht an. Im Scheitel erscheinen die etwa 10 bis 12 mm großen weißlichen bis rosafarbenen Blüten. Ein ganzjährig vollsonniger Standort ist erforderlich, möglichst im Gewächshaus dicht unter Glas. Keine Anfängerpflanze.

Ferocactus glaucescens. Der in unseren Sammlungen recht häufige Kaktus stammt aus dem östlichen Mittelmexiko. Er wächst auf grasigen Mesas im Bundesstaat Hidalgo. Die Pflanze kann etwa 40 cm im Durchmesser erreichen. Auf den etwa 11 bis 15 blaugrünen, kantigen Rippen sitzen auf länglichen Areolen gelbe, gerade oder auch leicht gebogene Dornen. Bereits ab einem Durchmesser von 15 cm können diese Kakteen bei guter Pflege regelmäßig im Frühsommer blühen. Die gelblichen Blüten werden etwa 3 bis 4 cm breit. Wichtig ist ein ganzjährig temperierter, vollsonniger Standort. Nahezu alle *Ferocactus*-Arten sind dankbare Anfängerpflanzen, die in der Wachstumszeit ausreichend gewässert und auch etwas gedüngt werden sollten.

Gymnocalycium andreae. Dieser Neufund, von Prof. Kießling beschrieben, steht als *Gymnocalycium andreae* var. *doppianum* in den Sammlungen. Der argentinische Kakteensammler Helmut Fechser entdeckte diese zwergige Varietät in der Provinz Córdoba, in der Sierra Grande in der Nähe von Los Gigantes. Ausgewachsen erreichen diese auf rübiger Wurzel wachsenden Kakteen einen Durchmesser von lediglich 3 bis 4 cm. Bei längerer Trockenheit ziehen sich diese kleinen, dunkelbläulichgrünen Kakteen nahezu völlig auf Bodenniveau in die Erde zurück. Durch Sprossung bilden sich herrliche Gruppen. Bereits an 12 bis 15 mm großen Exemplaren erscheinen bei guter Pflege die 3 bis 4,5 cm breiten, schwefelgelben Blüten. Ausgezeichnete Anfängerpflanze.

Gymnocalycium anisitsii. In Paraguay, am Rio Tigatiyami, liegt der Heimatstandort der interessanten Art, die im Jugendstadium noch grün ist und später bei sehr sonnigem Stand einen leichten Kupferton annehmen kann. Durch scharfe Längsfurchen sind die 8 bis 12 gehöckerten Rippen deutlich voneinander getrennt. Im Neutrieb sind die Dornen noch hellbraun. In Scheitelnähe erscheinen die 4 bis 5 cm breiten und ebenso langen, weißen Blüten, die an den Spitzen der Blütenblätter und außen braunviolett gezeichnet sind. Die Gattung *Gymnocalycium* umfaßt mehr als 100 Arten. Alle wünschen einen sehr hellen oder halbschattigen Standort. Von Ausnahmen abgesehen, handelt es sich um pflegeleichte Pflanzen.

Gymnocalycium denudatum (lat. *denudatus* = entblößt, kahl, nackt). Diese Pflanze ist überaus variabel, wohl auch deshalb, weil sie in einem riesigen Gebiet beheimatet ist: im Süden Brasiliens in der Provinz Rio Grande do Sul, im Norden Uruguays bei Tacuarembo und Rivera, in der Nähe der brasilianischen Grenze und im Nordosten Argentiniens, in Misiones bei Santa Ana. Die flachrunde, glänzend dunkelgrüne Pflanze erreicht 4 bis 8 cm im Durchmesser, später wird die Form etwas kugeliger. Die weißlichen Randdornen liegen eng an. Die schlankröhrigen, 5 cm langen Blüten mit etwa 6 bis 7 cm Durchmesser haben schlanke, spitze, glänzendweiße Petalen. Im Hochsommer leicht schattieren, und nicht unter 6 °C überwintern.

Gymnocalycium multiflorum (lat. *multiflorum* = vielblütig). In der argentinischen Provinz Cordoba wächst diese robuste, äußerst variable Art in hügeliger Landschaft zwischen Gräsern und Steinen. Die breitkugelige, grüne Pflanze wird bis über 9 cm hoch und erreicht einen Durchmesser bis zu 12 cm. Auf den 10 bis 15 wulstighöckrigen Rippen stehen pro Areole 7 bis 10 gelbliche und sehr kräftige Randdornen ohne Mitteldorn. Bis 5 cm lang werden die zartrosa Blüten. Es handelt sich um eine allgemein sehr beliebte, großblütige und vor allem reichblühende Art. Weitere empfehlenswerte Arten dieser Gattung sind in der Tabelle auf Seite 116 genannt. Im Hochsommer die Kakteen leicht schattieren!

Hylocereus undatus (griech. *hylea* = Wald; lat. *undatus* = gewellt, wellig, gebogen). Die wenigsten Kakteenfreunde kennen die gewaltigen Blüten, weil dieser Rankcereus meist nur als Pfropfunterlage für andere Kakteen dienen muß. Die Heimat der Art ist nicht genau bekannt; liegt wohl in Kolumbien, aber da dieser Kaktus in vielen tropischen Ländern wegen der ausgezeichnet schmeckenden Früchte angebaut wird, ist er fast überall verwildert. Die meist dreikantige Pflanze wächst hängend, kriechend oder aufsteigend und verzweigt sich. Die nächtlichen, spätsommerlichen Blüten erreichen bis 28 cm im Durchmesser. Die Gattung umfaßt etwa 25 beschriebene Arten, die alle sehr pflegeleicht sind, aber viel Platz brauchen.

Islaya krainziana. Namensgeber ist die südperuanische Provinz Islay. Beheimatet ist die Art in Nordchile, nahe der peruanischen Grenze in einer Wüstengegend, die fast niemals Niederschläge, aber regelmäßig Nebel erhält. Flach unter die Erdoberfläche schieben diese an extreme Standorte angepaßten Kakteen ihre Wurzeln. Überwiegend herrscht dort humusloser Geröllboden vor. Diese überaus variable Art bildet in Scheitelnähe etwa 3 cm große, gelbe Blüten, aus denen sich große, rote Früchte, sogenannte Verwehungsfrüchte, bilden. Ganzjährig verlangen die Pflanzen einen sonnigen Standort. Die Gattung – mitunter zu *Neoporteria* gestellt – umfaßt etwa 12 beschriebene Arten, die relativ leicht zu kultivieren sind.

Lepismium paradoxum (Rhipsalis paradoxa). Die epiphytisch wachsende Pflanze kommt in Brasilien vor allem in der Umgebung von São Paulo auf Astgabeln und an feuchten, senkrechten Felswänden vor. Die bis 5 m langen, herabhängenden Triebe werden etwa 2 cm dick. Die einzelnen, meist dreikantigen Triebabschnitte stehen gegeneinander versetzt, das heißt, entlang eines Triebes zeigt ein Triebabschnitt seine Kante, der nächste die Fläche usw. Der hellgrüne Pflanzenkörper ist an den Kanten oftmals rötlich überhaucht. Die 2 cm breiten Blüten erscheinen bei sehr hellem und temperiertem Stand in den Wintermonaten. Ideale Pflanze für ein feuchtwarmes Gewächshaus oder auch für ein klimatisiertes Blumenfenster.

Leuchtenbergia principis (lat. *princeps* = fürstlich). Die monotypische Gattung stammt aus dem zentralen und nördlichen Mexiko. Noch wächst die interessante Pflanze relativ häufig in der Sierra de la Paila, einem schwer zugängigen, trockenen Wüstengebirgszug, in etwa 1800 m Höhe. Eifrige Sammler haben die Art in anderen Gebieten nahezu ausgerottet. Im Laufe der Jahre kann die Art 30 bis 40 cm hoch werden und mehrköpfige Gruppen bilden. Auf kräftiger Rübenwurzel stehen schräg aufwärtsgerichtete, dreikantige, blaubereifte bis zu 12 cm lange Warzen mit bastartigen, gelblichen Borsten an der Spitze. In den Sommermonaten erscheinen nur an älteren Exemplaren bis 10 cm große, gelbe Blüten. Keine Anfängerpflanze.

Lobivia arachnacantha (griech. *arachne* = Spinne; griech. *akanthos* = Stachel, Dorn). Durch eine Buchstabenversetzung entstand aus dem Namen des Hauptverbreitungsgebietes Bolivien (Bolivia) die Gattungsbezeichnung *Lobivia*. Einige Arten sind auch in Peru und in Nordargentinien beheimatet. Diese Art wurde bei Samaipata, Santa Cruz und Comarapa im Departement Cochabamba in Bolivien gefunden. Die sprossende, dunkelgrüne Pflanze wird 2 cm hoch und erreicht 4 cm im Durchmesser. Die spinnenartigen Dornen liegen dicht an. Die trichterförmigen Blüten können in der Farbe von Gelb bis Orange variieren. Die Gattung umfaßt mehr als 100 Arten und zahlreiche Varietäten. Meist gute, robuste Anfängerpflanzen.

Lobivia aurea. Die Gattung *Lobivia* zählt zu den beliebtesten Kakteen überhaupt. Das Vorkommen dieser enorm variierenden Art erstreckt sich von der Sierra Chica de Córdoba bis in die Sierra San Luís. Rausch führt insgesamt 10 verschiedene Varietäten dieser Art auf, die sich in verschiedenen Details unterscheiden. Die hier abgebildete Varietät wurde in der Sierra Grande de Cordoba gefunden. Sie erreicht etwa 8 cm im Durchmesser. In den Frühsommermonaten erscheinen zitronengelbe, 7 bis 9 cm lange, außen dunkel bewollte Blüten. Die Pflanzen brauchen hohe Temperaturunterschiede zwischen Tag und Nacht sowie zwischen Sommer und Winter. Die Abgrenzung der Gattung gegenüber *Echinopsis* ist heute sehr umstritten.

Lobivia grandiflora. Zwischen Andalgala und Concepción in der argentinischen Provinz Catamarca wächst diese überaus variable Art in 1000 bis 2000 m Höhe. Während die Pflanzen im Nordwesten ihres Verbreitungsgebietes etwas kürzer und dicker werden, verändern sie nach Osten ihren Habitus und werden etwas länger und dünner. Von einigen Autoren wird die Art zur Gattung *Trichocereus* bzw. auch zu *Helianthocereus* gestellt, neuerdings aber auch zu *Echinopsis* gezählt. Die kurzzylindrische, hellgrüne Pflanze wird 20 bis 30 cm hoch und erreicht Durchmesser von 6 bis 9 cm. Durch Sprossung entstehen attraktive Gruppen. Die rote, 8 bis 10 cm lange Blüte öffnet sich tagsüber. Die Pflanzen blühen ab 10 cm Höhe.

Lobivia huascha. Sie bildet das Schmuckstück jeder Sammlung. Die Art wächst nahezu im gleichen Gebiet wie *L. grandiflora*. Sie wird von verschiedenen Autoren zu *Trichocereus, Echinopsis* oder *Helianthocereus* gestellt. Am Standort findet man rot-, gelb-, weiß-, orange-, rosa- und violettblühende Varietäten. Walter Rausch, einer der besten Lobivien-Kenner, weist in seinen Veröffentlichungen bereits auf verschiedene Ausrottungstendenzen bei diesen herrlichen Kakteen hin, deren 5 bis 6 cm dicke Triebe aufrecht oder auch kriechend mit aufstrebender Tendenz mehr als 1 m lang werden können. An einem ganzjährig vollsonnigen Standort öffnen sich im Sommer die bis 10 cm langen, trichterförmigen, außen dunkelbraun bewollten Blüten.

Lobivia jajoiana var. nigristoma. Sicher bietet uns diese Varietät eine der schönsten Kakteenblüten. Es liegen sehr unterschiedliche Standortangaben vor. Es soll in Argentinien Standorte bei Tilcara und in der Quebrada de Humahuaca geben. Rausch erwähnt in seinen Reiseerinnerungen, daß am Standort gelbblühende Pflanzen bei Sammlern plötzlich weiß geblüht haben sollen. Die gleiche Erscheinung haben Fechser ebenso wie der Autor an *Lobivia*-Arten beobachtet. Hier bleiben also noch einige Fragen zu beantworten. Die dunkelgrüne, selten sprossende und dunkel bedornte Pflanze wird 6 bis 7 cm dick und 10 bis 12 cm hoch. Sie ist nicht empfindlich in der Kultur und daher eine gute Anfängerpflanze.

Lophophora williamsii (griech. *lophos* = Helmbusch; griech. *phoros* = tragen). Die weichfleischige, grau- bis blaugrüne, flachkugelige, dornenlose Pflanze entwickelt eine ausgeprägte Rübenwurzel. Verbreitet ist die Art in den mexikanischen Bundesstaaten Chihuahua, Coahuila, Jalisco, Nuevo León, San Luis Potosí, Tamaulipas, Hidalgo, Querétaro, Durango, Zacatecas, in Texas und New Mexico. Die Art und ihre Varietäten sind bekannt als Peyotl oder Peyote, der im Rahmen kultischer Handlungen der indigenen Völker eine tragende Rolle spielte. Der Kaktus enthält zahlreiche Alkaloide, von denen Mescalin das wichtigste ist. Die Mescalinbildung ist unter hiesigen Kulturbedingungen äußerst gering. Für Anfänger ungeeignet.

Mammillaria baumii. Die Art wird von verschiedenen Autoren zu *Dolichothele* gestellt. Im mexikanischen Bundesstaat Tamaulipas, in der weiteren Umgebung von San Vicente in Höhen von 450 bis 1200 m, ist sie beheimatet. Die Art wächst am Standort in einer Mischung aus Humus und mineralischem Substrat. Die gedrückt kugelige, dunkelgrüne Pflanze trägt 8 bis 11 mm lange Warzen, auf deren weißen Areolen mehr als 30 feinborstige Rand- und 4 bis 7 gelbliche, gerade Mitteldornen stehen. In den Frühsommermonaten erscheinen die 20 bis 30 mm großen, gelben Blüten. Die meisten der mehr als 250 Arten der Gattung sind pflegeleichte Kakteen, die nach Beachtung einiger Pflegetips leicht zu kultivieren sind.

Mammillaria bocasana. Diese ungemein beliebte Art wächst in Mexiko im Bundesstaat San Luis Potosí, auf der Sierra de Bocas, in Höhenlagen zwischen 2000 und 3000 m. Sie findet sich in Felsspalten oder auch in Nordlagen zwischen Steinen, unter Büschen, in humosem Granitgrus. Die stark sprossende Art bildet im Laufe der Jahre herrliche Gruppen. Die überwiegend flachkugeligen Pflanzen erreichen Durchmesser bis 6 cm; sie tragen haarig wollige Randdornen und einen braunen, hakigen Mitteldorn. Die etwa 16 mm langen Blüten erscheinen bereits an drei- bis vierjährigen Pflanzen. Ältere Gruppen bringen pro Blühsaison oft mehr als 100 Blüten, und im Anschluß daran kommt es meist zu einem reichlichen Fruchtansatz.

Mammillaria candida. Die in Mexiko beheimatete Art kommt im Bundesstaat San Luis Potosí bei Arroyo Carrizal und in anderen Gegenden vor. Zusammen mit Agaven und Hechtien wächst sie stets auf Kalk, entweder direkt in Gesteinsspalten in schwarzem Humus oder in stark humoser Erde, die die Kalkfelsen überlagert. Die überwiegend kugelige Art sproßt selten und erreicht Durchmesser von 6 bis 9 cm. Die dichten, borstenartigen, weißen Dornen verhüllen die Pflanze völlig. Im Frühsommer erscheinen die 1,5 cm langen Blüten; sie sind bräunlichrosa bis rosa oder auch gelb, stets zieht sich ein dunkler Mittelstreifen in Kränzen um den Scheitel herum. Nicht ganz einfach in der Kultur.

Mammillaria duwei. Die sehr variable Art kommt in Mexiko, im östlichen Bereich des Bundesstaates Guanajuato in der Nähe der Stadt San Luis de la Paz, auf und zwischen Kalksteinformationen in humosem Bodensubstrat vor. Der Typstandort ist ein nach Süden abfallender Hang in etwa 2000 m Höhe. Die selten sprossende, flachkugelige Art erreicht etwa 5 cm im Durchmesser. Auf den Areolen sitzen behaarte Randdornen, die den Körper völlig verdecken. Nicht sehr häufig sind die hakigen Mitteldornen, die bei der abgebildeten Pflanze zu sehen sind. Manche Pflanzen bilden diesen Mitteldorn aus, manche nicht. In den Monaten Mai–Juni erscheinen die etwa 2 cm großen, gelblichen Blüten. Für Anfänger wenig geeignet.

Mammillaria erythrosperma (griech. *erythrospermus* = rotsamig). Im mexikanischen Bundesstaat San Luis Potosí wurde diese Art bei San Francisco, in der Sierra Alvarez in etwa 2200 m Höhe auf überwiegend steinigem Gelände und an spärlich mit Eichenwäldern bewachsenen Hängen gefunden. Die Köpfe der reich sprossenden, dunkelgrünen Art erreichen 4 bis 6 cm im Durchmesser. Die Areolen setzen sich aus 15 bis 30 dünnen, weißen Rand- und 1 bis 3 rotbraunen Mitteldornen zusammen, von denen der unterste hakig ist. Im Zeitraum von April bis Juli erscheinen an älteren Gruppen die karminfarbenen, 1,5 cm langen Blüten in Massen. Bei sparsamem Gießen handelt es sich bei dieser Art um eine sehr dankbare Pflanze!

Mammillaria glassii. In dichten Eichen-Kiefern-Wäldern, unter Sträuchern und im Schatten am Rande eines tiefen Canyons bei Dieciocho de Marzo wächst diese Art auf gut durchlässigen, überwiegend steinig-mineralischen Substraten. Der Typstandort liegt im mexikanischen Bundesstaat Nuevo León, in einer Schlucht zwischen Galeana und Rayones. Die stark sprossende, flachkugelige Art kann ab einem Durchmesser von 10 mm blühen. Auf jeder Areole sitzen mehr als 60 haarfeine, weiße, borstige Dornen, wobei die 8 bis 10 Mitteldornen kaum von den Randdornen zu unterscheiden sind. Ein Mitteldorn ist braun und hakig. Die weißlichen bis rosafarbenen Blüten erscheinen bei sehr sonnigem Standort im späten Frühjahr.

Mammillaria goldii. In Mexiko, im Bundesstaat Sonora, liegt der Typstandort der Art nahe Nacozari auf einer Meereshöhe von 1200 m an leicht geneigten Südwesthängen. Der Untergrund besteht meist aus hellgrauem vulkanischem Tuff. In flachen Vertiefungen mit feinem Schotter wächst die Art zusammen mit Gräsern und *Agave parviflora*. Die gedrückt kugelige Art sproßt wenig und erreicht 15 bis 25 mm im Durchmesser. Auf den runden Areolen sitzen weiße, borstige Randdornen. Sie besitzen keinen Mitteldorn. Bei sonnigem Stand und guter Pflege erscheinen im Frühjahr 3 bis 4 cm breite und ebenso lange karminrosa Blüten. Die hier abgebildete Pflanze ist auf *Trichocereus* gepfropft; wurzelecht sind die Pflanzen leider heikel.

Mammillaria herrerae. Beheimatet ist die Art im mexikanischen Bundesstaat Querétaro in etwa 1800 m Höhe auf hügeliger Mesa über Villa Hermosa. Auch im Staat San Luis Potosí gibt es einige Standorte der seltenen Art. In dem offenen Buschgelände auf weißem Kalkschotter und Kalkschiefer findet man die kleinen Pflanzen kaum. Die selten sprossende, kugelige Art erreicht nur etwa 4 cm im Durchmesser. Die weit über 100 weißen, feinen, borstigen Dornen pro Areole umhüllen den Körper völlig. Von Juni bis August – je nach Standort – erscheinen die 2 bis 3 cm breiten, karminrosa Blüten mit grüner Narbe. Keine Anfängerpflanze.

Mammillaria lasiacantha. Der Typstandort dieser Art liegt in den USA, in Texas, westlich von Pecos. Sie wächst aber auch in den mexikanischen Bundesstaaten Coahuila, Durango und Chihuahua in Höhen zwischen 600 und 1600 m auf steinigen Ebenen in Gesellschaft mit anderen Kakteen und Agaven. Die gedrückt kugeligen Körper werden im Alter bis 5 cm hoch bei etwa 4 cm im Durchmesser und sprossen selten. Durch die feinen Randdornen wird der Körper völlig umhüllt. Mitteldornen fehlen. Die bräunlich-weißen, etwa 2 cm großen Blüten erscheinen im zeitigen Frühjahr in Kränzen um den Scheitel herum. 6 bis 7 Monate nach der Blüte bilden sich – wie hier zu sehen – leuchtendrote Früchte, die mehrere Monate lang zu bewundern sind.

Mammillaria laui var. subducta. Im mexikanischen Bundesstaat Tamaulipas liegt der Typstandort dieser Varietät in etwa 1000 m Höhe. Die Pflanzengesellschaft ist ein meist offener Busch, bestehend aus niedrigen Laubgehölzen. Die Varietät wächst sowohl in schwarzem Humus als auch in Felsspalten sowie frei im Boden auf Asbestgeröll. Sie bildet kugelige Körper mit 3 bis 7 cm Durchmesser, die später sprossen können. 40 bis 50 steifborstige Rand- und 4 bis 6 nadelige Mitteldornen bedecken den Körper fast völlig. Bereits im zeitigen Frühjahr erscheinen in Kränzen die 20 bis 25 mm langen und ebenso breiten, karminrosa Blüten. Sehr empfindlich reagieren die Pflanzen auf stehende Nässe!

Mammillaria leptacantha. Der Typstandort dieser Art liegt in einer Höhe um 850 m nahe Las Animas im mexikanischen Bundesstaat Oaxaca zwischen Mitla und Nejapa. Die Art wächst meist an freien, fast senkrechten Wänden auf herausragenden Felsnasen, wo sie in kleinen Spalten und Löchern des porösen Vulkangesteins wurzelt. Der Körper wächst anfangs kugelig und wird später zylindrisch, dann sprossen die Pflanzen auch. Die Areolen setzen sich aus 20 bis 30 weißen, borstenartigen Rand- und meist 4 braunen, bis 4 cm langen Mitteldornen zusammen. Die karminrosa, 25 mm langen Blüten erscheinen in Kränzen im zeitigen Frühjahr. Das Substrat soll nach dem Gießen immer wieder austrocknen.

Mammillaria magallanii. Im mexikanischen Bundesstaat Coahuila wächst die Art auf etwa 1400 m Höhe in der Nähe von San Rafael. An dieser Stelle wird die Paila-Ebene durch eine Felsbarriere aus brauner Lava begrenzt. Man findet die Pflanzen in den nahezu vegetationslosen Südostlagen der Felsen, in Felsspalten, in einer überwiegend mineralisch-humosen Mischung. Neben Agaven wachsen in diesem Gebiet mehr als ein Dutzend Kakteenarten. Die anfangs kugelige, im Alter längliche Art erreicht nur etwa 5 cm im Durchmesser. 40 bis 50 weißliche, borstige Randdornen umhüllen die Pflanze völlig. Bereits im zeitigen Frühjahr erscheinen die 12 bis 14 mm langen, cremefarbenen Blüten oft in mehreren Kränzen um den Scheitel herum.

Mammillaria marksiana. Im westlichen Teil der Sierra Madre des mexikanischen Bundesstaates Sinaloa wächst diese hübsche Art in einer Höhe von etwa 1400 m. Der Standort bei Parida liegt in einem steilen Südfelsen aus verwittertem Granit, der sich in einem Eichenwald befindet. Dort siedelt sich die Art in Spalten an, die mit einer Humus-Granit-Mischung gefüllt sind. Der breitkugelige, hellgrüne, selten sprossende Kaktus wird etwa 4,5 cm hoch und erreicht bis zu 11 cm im Durchmesser. Auf den Areolen sitzen 8 bis 10 gelbe Rand- und ein Mittelstachel. Bei Verletzungen sondert die Pflanze weißen Milchsaft ab. Die etwa 2 cm langen und ebenso breiten, hellgelben Blüten erscheinen im Frühling im Kranze um den Scheitel herum.

Mammillaria maritima (Cochemiea maritima). In der Küstenregion bei Punta Blanca in Niederkalifornien (Mexiko) wächst diese koloniebildende Art. Sie bevorzugt trockenes, steiniges Gelände, dürftig mit harten Gräsern und Strauchwerk bewachsen. Die graugrünen, zylindrischen Triebe werden 7 bis 10 cm lang und 3 bis 5 cm dick. Auf den Areolen sitzen 10 bis 15 grau- bis dunkelbraune Rand- und 3 bis 4 Mitteldornen, von denen einer bis 5 cm Länge erreicht. Die scharlachroten Blüten werden etwa 3 cm lang. Sie sind schiefsaumig (zygomorph), besitzen also nur eine Symmetrieachse. Sie sind dadurch an die Bestäubung durch Kolibris angepaßt. Keine Anfängerpflanze. Nicht unter 8 °C und vollsonnig überwintern.

Mammillaria microcarpa. Die Art ist in Chihuahua, Sonora, Arizona bis nach Texas und Kalifornien weit verbreitet. Sie variiert deshalb stark in Körperform und Bedornung. Der anfangs kugelige Körper kann im Alter leicht säulig werden und erreicht dann bei etwa 4 bis 7 cm im Durchmesser bis zu 15 cm Höhe. Ältere Exemplare sprossen gerne. Auf den Areolen sitzen 18 bis 30 weiße Rand- und meist ein hakiger, brauner Mitteldorn. In den Spätsommermonaten erscheinen in Scheitelnähe breit trichterartige, karminrosa Blüten, die etwa 30 bis 45 mm im Durchmesser erreichen. Die Blütenblätter zeigen einen dunkleren Mittelstreifen. Ein sehr sonniger Standort in Gewächshaus ist für diese Art wichtig.

Mammillaria morricalii. Reppenhagen hat diese Art zu *M. barbata* gestellt. Im mexikanischen Bundesstaat Chihuahua bei Majalca ist sie beheimatet. Sie wächst dort im unteren Teil von steilen, felsigen Basaltabhängen in offenen Lagen im grasigen Gelände. Die Art ist recht selten und tritt kaum in größeren Beständen auf. Die kugelige Form erreicht etwa 30 bis 60 mm im Durchmesser, im Alter wächst sie leicht gestreckt und sproßt mitunter. Auf den Areolen sitzen 25 bis 50 gelbliche Rand- und etwa 2 bis 5 bräunliche Mitteldornen, von denen einer hakig ist. Im Hochsommer erscheinen in Scheitelnähe im Kranze etwa 25 mm große, gelbliche bis bräunliche Blüten mit dunklerem Mittelstreifen. Zählt zu den schwierigeren *Mammillaria*-Arten.

Mammillaria petterssonii. Stark vertreten ist die sehr variable Art in den Bergen südlich der mexikanischen Stadt Guanajuato auf einer Meereshöhe um etwa 2000 m. Das Vorkommen beginnt am Fuße der Berge und reicht bis in höhere Lagen. Die gedrückt kugeligen, dunkelgrünen Körper erreichen etwa 6 bis 12 cm im Durchmesser und können im Alter leicht säulig werden. 8 bis 11 glasig-bräunliche Randdornen sitzen auf den Areolen, die von bis zu 5 cm langen Mitteldornen deutlich überragt werden. In den Monaten April und Mai erscheinen im Kranze um den Scheitel herum etwa 15 mm lange karminrote Blüten. Eine gute Anfängerpflanze.

Mammillaria plumosa (lat. *plumosus* = federig). Diese sehr beliebte Pflanze kommt im mexikanischen Bundesstaat Nuevo León, in den Bergen nahe Los Muertos in etwa 1500 m Höhe vor. An flachen, steinigen, nach Süden abfallenden Hängen in Richtung Valle de Saltillo findet man sie zwischen Kalkplatten sowie in dem durch Verrottung entstandenen Humus. Die hellgrüne Art wächst flachkugelig und sproßt reich. Die mehr als 50 gefiederten, borstigen, bis 10 mm langen Randdornen pro Areole umhüllen die Pflanze völlig. Mitteldornen fehlen. In den Wintermonaten erscheinen weiße, etwa 1,5 bis 2 cm lange und ebenso breite Blüten. Die Wintertemperatur sollte 10 °C nicht unterschreiten. Die Art ist sehr nässeempfindlich.

Mammillaria senilis. Die sehr gesuchte und im übrigen schwierig zu kultivierende Art ist im mexikanischen Bundesstaat Durango in Höhen zwischen 2500 und 3000 m beheimatet. Bei El Salto und in der weiteren Umgebung wächst die Art auf dünnen Humusschichten am Fuße von verwitternden Granitfelsen. Die gedrückt kugeligen, reich sprossenden Körper sind dicht mit weißlichen oder auch gelblichen, borstigen Dornen umhüllt. Einen sonnigen Stand vorausgesetzt, erscheinen im zeitigen Frühjahr die leuchtend zinnoberroten, etwa 5 cm langen Blüten. Die Art kann bei harter Haltung leichte Fröste vertragen, reagiert aber empfindlich auf stehende Nässe. *M. senilis* wurde lange Zeit bei *Mamillopsis* eingeordnet.

Mammilaria setispina (Cochemiea setispina). Nahe der Mission San Borja im mexikanischen Niederkalifornien gedeiht der gruppenbildende Kaktus auf steinigem, mit Gräsern bewachsenem Gelände. Wie der Artname schon sagt (lat. *setispinus* = borstendornig), sitzen auf den weißwolligen Areolen 9 bis 12 weiße Rand- und 1 bis 3 hakige Mitteldornen, die bei der abgebildeten Pflanze nahezu 8 cm lang sind. Ausgewachsene Pflanzen erreichen etwa 30 cm Höhe und 6 bis 7 cm Dicke. An älteren Exemplaren erscheinen etwa 5 cm lange, leuchtend zinnoberrote Blüten. Diese schwierige Art verlangt ganzjährig einen vollsonnigen Stand in einem gut gelüfteten Gewächshaus und nahezu rein mineralisches Substrat. Keine Anfängerpflanze.

Matucana krahnii. Nach der peruanischen Stadt Matucana in der Nähe des Fundortes ist diese Gattung benannt. Die Art wächst östlich von Balsas im peruanischen Departement Amazonas und variiert am Standort stark. Der Fundort, in Spalten und Mulden steiler Felswände, liegt in Höhen zwischen 2000 und 3000 m. Die gedrückt kugeligen, dunkelgrünen Kakteen erreichen Durchmesser von 5 bis 6 cm. Die braune Bedornung vergraut später. Je nach Standort erscheinen die schiefsaumigen Blüten im Frühjahr oder im Spätsommer. Entsprechend ihrer Herkunft verlangt diese Art eine kühle Überwinterung und einen vollsonnigen Standort mit hohen Temperaturunterschieden zwischen Tag und Nacht sowie zwischen Sommer und Winter.

Melocactus azureus. Beheimatet ist die Art in Brasilien, im nördlichen Bahia, südlich des Bergrückens der Serra do Espinhão und östlich des Rio São Francisco auf verwitterndem Kalkstein sowie auf Wiesengelände an trockenen Berghängen am Rio Jacaré auf 400 bis 500 m. In vielen Gegenden ist sie durch Sammler, Brandrodungen und Straßenbau weitgehend ausgerottet. Die matt azurblaue, etwa 16 cm hohe und 15 cm breite Pflanze besitzt 9 bis 10 Rippen. Das Cephalium kann etwa 5 cm hoch werden. Die 12 bis 15 mm langen, karminroten Blüten schieben sich aus dem weißen, mit roten Borsten durchsetzten Cephalium. Eine erfolgreiche Kultur ist nur im warmen Gewächshaus mit viel Sonne möglich. Keine Anfängerpflanze.

Myrtillocactus geometrizans. In Mexiko verbreiteter Säulenkaktus, kommt in San Luis Potosí bei Tula, von Ixmiquilpan bis San Juan del Rio vor Pachuca, bei Venados sowie in anderen Gebieten vor. Die Früchte schmecken süßlich, werden gesammelt und als „Garambullos" verkauft; man genießt sie roh oder verarbeitet sie zu Marmelade. Am Standort erreichen diese Pflanzen 8 m Kronendurchmesser und mehrere Tonnen Gewicht. Die 5- bis 6rippigen Triebe sind auch in unseren Sammlungen bei sonnigem Stand bläulich bereift. Gut gepflegte Exemplare im Gewächshaus erreichen leicht 3 m Höhe. An älteren Pflanzen erscheinen im Sommer 2 bis 3 cm große, grünlichweiße Blüten. Als Jungpflanze ein ausgezeichneter Kaktus für Anfänger.

Neoporteria nidus var. gerocephala. Zu den schönsten Kakteen, die man in den Sammlungen kultivieren kann, zählt diese Varietät, die in Nordchile, in der Gegend um Ovalle, südlich von Combarbala im höheren Elqui-Tal beheimatet ist. Man findet dort auch braun- und schwarzbedornte Exemplare. Überhaupt bietet die Gattung mit etwa 90 Arten ein sehr reiches Bedornungsspektrum. Die Pflanze wird etwa 8 cm dick und 16 bis 18 cm hoch. Auf den Areolen sitzen etwa 30 weiße, biegsame Dornen, die die Pflanze nahezu vollständig umhüllen. Im frühen Sommer erscheinen in Scheitelnähe etwa 4 cm lange, karminrote Blüten. Dieser Kaktus liebt hohe Temperaturunterschiede zwischen Tag und Nacht. Meist gute Anfängerpflanzen.

Notocactus leninghausii. Im Süden Brasiliens, im Staate Rio Grande do Sul, ist die Art beheimatet. Früher wurde diese Art zur Gattung *Eriocactus* gezählt. Heute werden alle *Eriocactus*-Arten zu *Notocactus* gestellt. Die säulenförmig wachsende, sprossende Art kann bei einem Durchmesser von 8 bis 10 cm am Standort mehr als 1 m Höhe erreichen. Im Alter kann sie, bei entsprechender Länge, auch liegend wachsen mit aufstrebender Tendenz. Die Pflanzen besitzen mehr als 20 Rippen und honiggelbe, borstenförmige Dornen. Der Scheitel steht meist schief zur Längsachse des Körpers in Richtung zur größten Lichtintensität. Die bis 6 cm breiten, gelben Blüten erscheinen in den Sommermonaten in Scheitelnähe. Für Anfänger geeignet.

Notocactus buiningii. Benannt nach dem Niederländer A. F. H. Buining. Beheimatet ist die Art im brasilianisch-uruguayischen Grenzgebiet südwestlich von Livramento im Departement Rivera in Uruguay. Weitere Vorkommen wurden in letzter Zeit ebenfalls in Uruguay entdeckt. Die Art wächst auf steinigem, felsigem Untergrund in humusgefüllten Mulden, durch Strauchwerk und Gräser leicht beschattet. Die flachkugelige, hellgraugrüne Pflanze besitzt etwa 16 in ausgeprägte Höcker aufgelöste Rippen. Auf den weißwolligen Areolen sitzen 4 bis 8 gelbliche bis braune Dornen. Im Sommer erscheinen in Scheitelnähe etwa 7 bis 8 cm breite, gelbe Blüten. Die Gattung umfaßt mehr als 100 Arten. Meist leicht zu pflegende Kakteen.

Notocactus erinaceus. Die sehr variable Art ist in Argentinien, Brasilien und Uruguay beheimatet. Sie wächst in höher gelegenen Gebieten, bei Cerro Independencia und bei Cerro de Montevideo, im felsigen Gebiet um Chacarita, an den Ufern des Malvinbaches und in großen Populationen auf den Pampahügeln. Einst zu *Wigginsia* gehörend, werden heute alle Arten bei *Notocactus* einbezogen. Die breitkugelige, im Alter leicht säulenförmige, dunkelgrüne Art erreicht Durchmesser von etwa 15 cm. Die 12 bis 15 gehöckerten Rippen tragen weißfilzige Areolen, die später verkahlen. Die kräftiggelben, kurztrichterigen Blüten schieben sich in den Sommermonaten meist zu mehreren aus der Scheitelwolle.

Notocactus haselbergii. Einer der schönsten Kakteen. Beheimatet ist *N. haselbergii* im brasilianischen Staat Rio Grande do Sul auf steinigem, felsigem Untergrund und auf relativ trockenem Wiesengelände. *N. haselbergii* wurde früher zusammen mit *N. graessneri* (mit grünlichen Blüten) zur Gattung *Brasilicactus* gestellt, die heute aber als Synonym zu *Notocactus* einbezogen wird. Die flachkugelige, hellgrüne Pflanze erreicht einen Durchmesser von etwa 12 cm. Sie zeigt 30 und mehr kaum erkennbare Rippen mit rundlichen Areolen, auf denen meist mehr als 20 weiße Rand- und etwa 4 gelbliche Mitteldornen sitzen. Der Körper ist von weißen Dornen umhüllt. Die orangeroten Blüten erscheinen im Scheitel und halten 2 bis 3 Wochen.

Notocactus ottonis. Die variable Art ist in Uruguay und in den angrenzenden Gebieten Argentiniens, Paraguays und Brasiliens beheimatet. Die Art und ihre Varietäten bevorzugen halbschattige Plätze im Gras oder auch unter Strauchwerk. Der Boden besteht meist aus Verwitterungsgestein mit organischen Bestandteilen. Die flachkugelige, im Alter leicht säulenförmig wachsende, sattgrüne Art kann einen Durchmesser von 9 bis 10 cm erreichen und sproßt manchmal durch unterirdische Ausläufer. Die 8 bis 12 rundlichen, schwach gehöckerten Rippen sind durch die Sonne oft rötlich überhaucht. Im Frühsommer erscheinen etwa 5 cm breite, gelbe Blüten mit roter Narbe. Die Knospen sind außen dunkelbraun bewollt. Ideale Anfängerpflanze.

Notocactus rutilans (lat. *rutilans* = rötlich schimmernd). In der Nähe der brasilianischen Grenze, in Uruguay, wächst die Art auf steinigen, felsigen Verwitterungsböden in humusgefüllten Mulden. Eine gewisse Ähnlichkeit zu *N. roseiflorus* besteht, obwohl *N. rutilans* hellbraungraue Mitteldornen hat, die sich von den nahezu schwarzen Mitteldornen der erstgenannten Art unterscheiden. Die Pflanzen entwickeln einen kugeligen, im Alter leicht säulenförmigen Körper, den eine dunkelgrüne Epidermis bedeckt. Die Rippen, etwa 24 an der Zahl, sind in kleine, kinnartige Höcker aufgelöst. Die bis 6 cm breiten, rosakarminfarbenen Blüten mit gelblichem Schlund sind stark glänzend. Davor hebt sich die dunkelrote Narbe ab. Dankbare Anfängerpflanze.

Notocactus scopa (lat. *scopa* = Besen). Die variable Art ist vorwiegend im Süden Brasiliens beheimatet. Sie wächst auf steinig-felsigen Böden entlang der La-Plata-Küste. Weitere Standorte sind im Norden Uruguays und im angrenzenden brasilianischen Staat Rio Grande do Sul. Einige Standortformen sprossen an der Basis, andere wachsen solitär. Die meist säulenförmig wachsenden Pflanzen mit Durchmessern von 6 bis 10 cm werden bis 50 cm hoch. Sie zeigen 24 bis 35 schwach gehöckerte, oft leicht spiralig gedrehte Rippen. Auf den Areolen sitzen etwa 30 bis 40 weiße Rand- und 3 bis 4 braune Mitteldornen. In den Sommermonaten erscheinen in Scheitelnähe schwefelgelbe, kurztrichterige, etwa 45 mm breite Blüten.

Notocactus uebelmannianus. Dieser beeindruckende Kaktus sollte in keiner Sammlung fehlen! Im Süden Brasiliens, im Staate Rio Grande do Sul bei Cacapava do Sul, wurde diese herrliche Pflanze auf hügeligem, felsigem Gelände gefunden. Die dunkelgrünen Pflanzen wachsen flachkugelig und können Durchmesser bis 15 cm erreichen. Sie besitzen 12 bis 16 gerundete Rippen mit großen runden Höckern. Die anfangs weißwolligen, später verkahlenden Areolen zeigen etwa 6 bis 8 eng anliegende, weißliche Randdornen. Vorausgesetzt, die Pflanzen wurden sehr sonnig überwintert, erscheinen im Frühsommer in Scheitelnähe die weinroten, etwa 4 bis 5 cm breiten Blüten. Auch eine hellgelb blühende Form ist verbreitet. Gute Anfängerpflanze.

Obregonia denegrii. Monotypische Gattung, selten und schwierig. Im mexikanischen Bundesstaat Tamaulipas bei San Vicente und Cuidad Victoria wächst die Art auf steinigen Böden und an steilen Felswänden meist im Halbschatten. Die flachen, graugrünen bis dunkelgrünen und selten sprossenden Körper erreichen Durchmesser bis 20 cm. Auf dicker Wurzelrübe sitzen rosettenartig schrägzeilig angeordnete, dreieckige, bis 1,5 cm lange Warzen, die auf der Areolenspitze 2 bis 5 gebogene, dünne, graubraune, leicht abbrechende Dornen tragen. Aus den Areolen junger Warzen erscheinen bei sehr warmem Sommerstandort weiße bis zartrosa, etwa 3 cm breite, trichterförmige Blüten. Nur für erfahrene Sammler mit Gewächshaus.

Opuntia articulata. Die Art und ihre Varietäten gehören zu den Tephrocacteen, die als Untergattung *Tephrocactus* der Gattung *Opuntia* zugeordnet sind. Die Verbreitung ist enorm: von 49 Grad südlicher Breite bis 8 Grad nördlicher Breite. Prof. Werner Rauh fand Arten im Schnee in 4600 m Höhe. In Westargentinien, in der Provinz Mendoza, fand der Kakteensammler Helmut Fechser die hier abgebildete Varietät *O. articulata* var. *calvus* auf steinigen Wiesen. Die Art hat gedrücktrunde, graugrüne, etwa 3,5 cm dicke Glieder mit ausgeprägten Glochidenbündeln. Nur bei extrem sonniger und harter Haltung erscheinen in unseren Breiten die weißlichen bis rosafarbenen, etwa 4 bis 5 cm großen Blüten. Ein pflegeleichter Kaktus.

Opuntia ficus-indica. Vielfach verwildert, so daß sich die eigentliche Heimat nicht mehr feststellen läßt. Zur Fruchtgewinnung wird sie im tropischen Amerika, in den Subtropen und im Mittelmeerraum angebaut. Darüber hinaus dient dieser Kaktus als Salat und Viehfutter. Diese Opuntie wurde bereits 1535 von Francisco Hernandez in „De Historia Plantarum Novae Hispaniae" abgebildet. Die stammbildende und mehr als 5 m hohe Pflanze entwickelt eine ausladende Krone. Die Einzeltriebe sind überwiegend spatelförmig bis oval und werden 30 bis 50 cm lang. Die gelben Glochiden fallen später ab, sonst sind die Pflanzen meist ohne jede Bedornung. Im Sommer erscheinen bei vollsonnigem Standort 10 cm breite, gelbe oder orangefarbene Blüten.

Opuntia humifusa (lat. *humifusa* = niedergestreckt). Die variable, im Handel unter vielen Namen bekannte Art ist im mitteleuropäischen Klima nahezu völlig winterhart; sie übersteht härteste Fröste im Schwarzwald oder auf der Schwäbischen Alb. Verbreitet ist sie in den USA (Montana, Utah, New Mexico, Ost-Iowa bis Wisconsin, Michigan, Kansas). Dort wächst sie überwiegend auf steinigen, sandigen, felsigen, sehr durchlässigen Böden. Meist bilden sich liegende, kriechende Triebe aus; sie sind 7 bis 10 cm lang, oval, spatelig oder rundlich und oft ohne jede Bedornung. Die Glochiden sind braun bis grau. Im Frühsommer erscheinen die 8 cm breiten, schwefelgelben Blüten. Der Standort im Garten soll sonnig, heiß und nicht zu feucht sein.

Opuntia erinacea var. utahensis. Die variable Art ist bei uns nahezu winterhart. Beheimatet ist sie in Idaho, Kalifornien, Nevada, Utah, Wyoming, Colorado, Arizona, New Mexico. Sie wächst auf sandigen, kiesigen und felsigen Böden in Ebenen oder an Abhängen in 1700 bis 2400 m Höhe. Die ovalen bis elliptischen, sattgrünen Flachtriebe werden bis 15 cm lang und 7 cm breit. Die gruppenbildenden Pflanzen besitzen rotbraune Glochiden und graue Dornen. Die sommerlichen karminroten Blüten erreichen einen Durchmesser von etwa 7 cm; die Narbe ist smaragdgrün. Es handelt sich um eine unproblematische Art, sofern man ihr einen Standort an einem nach Süden abfallenden, steinigen und gut dränierten Hang bieten kann.

Opuntia leucotricha (griech. *leucotrichus* = weißhaarig). Verbreitete Art auf den wasserarmen Hochebenen Mexikos, in 1400 bis 2000 m Höhe, vor allem in den Staaten San Luis Potosí, Zacatecas, Durango und Hidalgo. Die Triebe können 25 cm lang und bis zu 15 cm breit werden. Im Gewächshaus erreicht die Pflanze leicht 3 m Höhe. Anfangs sitzen auf den Areolen 8 bis 12 weiße Dornen, die im Alter zu 15 cm langen Borsten auswachsen und dem verholzenden Stamm und den kräftigen Ästen ein interessantes „vergreisendes" Aussehen verleihen. 6 bis 8 cm breite, gelbe Blüten erscheinen im Sommer willig bei vollsonnigem Stand. 20 Blüten pro Blatt sind völlig normal. Große Exemplare produzieren pro Jahr mehr als tausend Blüten!

Opuntia microdasys var. albispina (griech. *microdasys* = kleinborstig). Die im Norden Mexikos verbreitete Varietät von *Opuntia microdasys* ist auf Grund ihres weitverbreiteten Vorkommens recht variabel. Zu den interessantesten Formen zählt diese Varietät, die am Standort gewaltige Gruppen bildet. Die sattgrüne Pflanze wächst strauchig verzweigt und kann 40 bis 60 cm hoch werden. Die spatelig-ovalen, 8 bis 12 cm langen Triebe sind zwar dornenlos, aber dafür dicht mit weißen Glochiden-Polstern besetzt, die man möglichst nicht berühren sollte. Einen sehr sonnigen Stand vorausgesetzt, erscheinen in den Sommermonaten hellgelbe, 4 bis 5 cm große Blüten. Pro Blatt sind 10 Blüten keine Seltenheit! Robuste Anfängerpflanze.

Opuntia robusta. Diese gewaltige, in Mittelmexiko weitverbreitete Art variiert stark. Sie bildet am Heimatstandort auf steinigem, felsigem Boden riesige, undurchdringliche Bestände. Am Standort werden die Pflanzen bis 5 m, bei uns nur 3 m hoch. Der Stamm verholzt relativ rasch. Die kreisrunden, blaubereiften Triebe erreichen Durchmesser bis 50 cm. Jedes Blatt kann 5 bis 6 kg wiegen. Die weißen Dornen werden 4 bis 5 cm lang, können aber auch völlig fehlen. Im Sommer erscheinen 5 bis 6 cm breite Blüten, aus denen sich dunkelrote Früchte entwickeln. Die geschälten Früchte schmecken vorzüglich, wenn man sich nicht an den hartschaligen Samen stört. Hart gehaltene Pflanzen vertragen sogar leichte Fröste. Nur für Kakteenfreunde mit viel Platz.

Opuntia rosea (oft auch *Cylindropuntia rosea* oder *C. rosea* var. *atrorosea*). Im mexikanischen Bundesstaat Hidalgo bei Tula ist diese Art beheimatet, aber in vielen anderen Gebieten Südamerikas verwildert. Sie zeigt große Ähnlichkeit mit *C. tunicata,* die gelb blüht, während *C. rosea* karminrosa blüht. (In unseren Breiten blüht sie selbst bei ganzjährig vollsonnigem Standort kaum.) Als eine Besonderheit vieler Arten stecken die Dornen zusätzlich in einer papierartigen Scheide. Im Laufe der Jahre bilden sich attraktive Gruppen, die man am besten in die hinterste und sonnigste Gewächshausecke pflanzt, um schmerzhafte Kontakte zu vermeiden. Die Gattung *Opuntia* umfaßt weit mehr als 100 Arten, die nahezu alle pflegeleicht sind.

Oreocereus celsianus. Die variable Art kommt von Südbolivien bis nach Nordargentinien in Höhen zwischen 3000 und 3500 m vor. An den Standorten findet man verschiedenfarbig bedornte, entweder stark oder kaum behaarte Formen. Die graugrünen, sich basal verzweigenden und 8 bis 15 cm dicken, bis 2 m hohen Triebe zeigen 12 bis 20 stumpfe, um die Areolen verdickte Rippen. Der Scheitelbereich ist stärker behaart als der Rest der Pflanze (Haare 5 bis 7 cm lang). Etwa 9 Randdornen, 4 bis 5 cm lang, und etwa 8 cm lange Mitteldornen. Dornenfarben: beige, gelb, orange, rotbraun und dunkelrot. In Scheitelnähe erscheinen 8 bis 9 cm lange, trübrosa Blüten. Keine dauerhafte Zimmerpflanze.

Oroya peruviana. Nach dem Ort Oroya in den zentralperuanischen Anden ist die Gattung benannt. Die Art zeigt einen enormen Varietätenreichtum und ist vor allem in der Umgebung dieser Stadt zu finden und außerdem weiter südlich. Sie wächst in Höhen von 3500 bis 4000 m auf steinigem leicht saurem, aber durchlässigem Puna-Boden. Die flachkugeligen Pflanzen mit 12 bis 23 gehöckerten Rippen erreichen bis 15 cm Durchmesser und 10 cm Höhe. Ihre Bedornung ist gelblich bis rötlich und braun. Mitteldornen fehlen mitunter. Die 2,5 cm langen, hellkarmin- bis zinnoberroten Blüten erscheinen nur bei vollsonnigem Standort. Alle 3 Arten der Gattung lieben frische Luft und hohe Temperaturunterschiede zwischen Tag und Nacht.

Ortegocactus macdougallii. Ein gesuchtes Kleinod! Beheimatet ist diese Art in Mexiko, im südlichen Oaxaca auf nacktem, vulkanischen Felsen, wo sie in Höhen zwischen 2300 und 2900 m überwiegend in voller Sonne wächst. Einige Autoren stellen diese monotypische Gattung zu *Neolloydia* oder auch zu *Neobesseya*. Die kugeligen bis breitkugeligen, hell graugrünen Pflanzen erreichen etwa 3 bis 4 cm im Durchmesser. Auf den rhombischen Höckerwarzen sitzen 6 bis 10 schwarze Dornen. Nur bei ganzjährig sehr sonnigem und warmem Standort erscheinen in unseren Breiten im Sommer etwa 3 cm lange und 2,5 cm breite, reingelbe Blüten in Scheitelnähe. Nur für sehr erfahrene Kakteenfreunde mit gut beheizbarem Gewächshaus.

Parodia chrysacanthion (griech. *chrysacanthion* = goldgelbstachlig). Im Norden Argentiniens, in der Region östlich von Volcan, kommt diese herrliche Art in Höhen zwischen 2000 und 2800 m vor. Sie tritt teilweise in recht großen Beständen auf. Die flachrunden, hellgrünen Pflanzen erreichen Durchmesser von 12 bis 14 cm und Höhen von etwa 6 bis 8 cm. Die etwa 23 Rippen sind in spiralig stehenden Warzen aufgelöst. Auf den weißwolligen Areolen stehen 30 bis 45 goldgelbe, leicht brüchige und stechende, etwa 20 mm lange Dornen, die im Alter nachdunkeln. Die gelben, etwa 1,5 bis 2 cm großen Blüten erscheinen im Frühsommer. Diese interessante Pflanze eignet sich auch für Anfänger! Die Gattung umfaßt mehr als 100 Arten.

Parodia penicillata. Der Kakteensammler Helmut Fechser entdeckte diese variable Art 1951 in der Quebrada des Rio Colorado hinter Cafayate in Argentinien in Höhen zwischen 2000 und 2500 m. Nach seiner Aussage hingen damals die Pflanzen von den Wänden der Schlucht herunter. Aufgrund der exakten Fundortangaben wurden die Pflanzen am Standort so stark dezimiert, daß man sie heute nur noch dort findet, wo kein Sammler mehr hinklettern kann. Die kugelig bis gestreckt wachsenden Pflanzen werden im Alter bis 1 m lang. Die 17 bis 20 leicht gedrehten Rippen sind in Warzen aufgelöst. Etwa 40 dünne, biegsame, gelbliche Dornen pro Areole. Im Frühsommer erscheinen rote Blüten; sie sind bis 5 cm lang bei 4 cm im Durchmesser.

Parodia echinus. In Bolivien, am Oberlauf des Rio de La Paz, kommt die Art an der Grenze der Provinzen Murillo und Loayza vor. Sie ist dort in der schwer zugänglichen Gegend der La-Paz-Schlucht verbreitet. Die Art wächst dort an steilen Wänden in Höhen von etwa 1800 m. Die anfangs halbkugeligen, bis 8 cm dicken, graugrünen Körper erreichen im Alter 25 cm Höhe. Auf den 11 bis 16 deutlich ungekerbten Rippen sitzen auf weißfilzigen Areolen kräftige, graue, gerade Dornen. Bei sehr sonnigem Stand erscheinen im Frühsommer 1,5 bis 2 cm breite, gelbe Blüten in Scheitelnähe. Weitere empfehlenswerte *Parodia*-Arten siehe Seite 117.

Parodia mutabilis var. ferruginea. Hübsche Varietät der im Norden Argentiniens, in der Provinz Salta, beheimateten Art. Wie die meisten Arten dieser Gattung ist auch diese ausschließlich im Gebirge zu finden. Der kugelige Körper erreicht einen Durchmesser bis 8 cm. Auf den Areolen sitzen etwa 50 reinweiße und sehr dünne, strahlig abstehende Randdornen. Die 4 deutlich unterscheidbaren Mitteldornen sind meist kreuzweise gestellt, der untere ist hakig gekrümmt. Diese Varietät unterscheidet sich vom Typus der Art durch rostbraune Mitteldornen. Die goldgelben, bis 5 cm breiten Blüten erscheinen bei vollsonnigem Standort. Von Mai bis Oktober ins Freie stellen, für etwas Regenschutz sorgen.

Parodia sanguiniflora (lat. *sanguiniflora* = blutrotblühend). Diese sehr variable Art kommt in weiten Gebieten Nordargentiniens vor und steht *P. rubriflora* nahe. Die kugeligen bis leicht zylindrischen Pflanzen erreichen Durchmesser von etwa 8 cm und 10 cm Höhe. In voller Sonne nimmt die sonst dunkelgrüne Epidermis einen rötlichen Ton an. Die Rippen sind in spiralig gestellte Warzen aufgelöst. Auf den anfangs weißwolligen Areolen sitzen etwa 15 dünne, borstenartige, weißliche Rand- und etwa 4 rötlichbraune Mitteldornen, der untere ist hakig. Die blutroten, bis 4 cm breiten Blüten erscheinen in Scheitelnähe. Bereits 2 cm große Sämlinge können bei richtiger Pflege zuverlässig blühen. Wichtig: Viel frische Luft geben!

Parodia suprema. Die ebenfalls sehr variable Art wächst in Bolivien, im Departement Tarija, in der Provinz Mendez. Dort findet man sie zwischen Escayachi und San Antonio auf steinigen Hügeln in 3000 bis 3800 m Höhe. Es handelt sich um eine dunkelgrüne, flachkugelig wachsende, im Alter sprossende Art, die Durchmesser von 7 bis 12 cm erreicht. Die 13 bis 20 etwas gehöckerten Rippen sind mitunter leicht gedreht. Auf den Areolen sitzen 10 bis 16 feine, gelbliche bis bräunliche Rand- und 4 über Kreuz stehende, bräunliche Mitteldornen, der unterste ist besonders lang und hakig. Im Neutrieb sind die Dornen dunkelrotbraun. Die 3 bis 4 cm langen Blüten sind kräftig rot. Braucht ganzjährig einen sehr sonnigen Standort.

Pelecyphora pseudopectinata (Turbinicarpus pseudopectinatus). In den mexikanischen Bundesstaaten San Luis Potosí und Nuevo León kommt die Art auf trockenen, sonnigen Hügeln zwischen Kalkgestein und Schotter vor. In grasiger Umgebung stecken diese Pflanzen tief im Boden und schauen oft nur wenige Millimeter heraus. Die anfangs kugelig, später auch keulenförmig wachsende Art wird nur etwa 5 bis 6 cm hoch und etwa 4 cm dick. Auf den oben flachgedrückten Areolen sitzen weiße, nach beiden Seiten kammartig ausgerichtete Dornen. Im Frühsommer erscheinen in Scheitelnähe kurztrichterige, etwa 2,5 bis 3 cm breite, weißlichrosa Blüten, deren Blütenblätter dunklere Mittelstreifen aufweisen. Nur für erfahrene Sammler.

Pereskia grandifolia (lat. *grandifolia* = großblättrig). Die im brasilianischen Bundesstaat Bahia verbreitete Art bildet große Sträucher und wird bis zu 5 m hoch. An alten Trieben entwickelt sich im Laufe der Jahre eine nadelförmige, stark stechende Bedornung. Die Gattung *Pereskia* bildet den Übergang zwischen nicht-sukkulenten, laubabwerfenden Sträuchern und Kakteen und gehört zu den ursprünglichsten Kakteen. Der Gattungsname wurde früher *Peireskia* geschrieben; er erinnert an den französischen Naturforscher N. C. Fabre de Peiresc. Der Blütenstand bildet sich im Sommer an den Zweigenden; die rosa Blüten sind 1,5 bis 2 cm breit. Die Gattung umfaßt 10 Arten. Alle sind leicht zu kultivieren, aber nur große Pflanzen blühen.

Rebutia. Die *Rebutia*-Arten gehören zu den blühwilligsten und pflegeleichtesten Kakteen. Die Gattung mit mehr als 70 Arten ist weitverbreitet im Hochland von Nordargentinien, von Tucumán bis nach Bolivien, Oruro und Cochabamba. Je nach Art erstreckt sich das Vorkommen in Höhen von 1000 bis über 4000 m. Die Gattung umfaßt kleine Kugelkakteen, die meist reich sprossen und herrliche Gruppen bilden. Hakige Dornen kennt die Gattung nicht. Die farbenprächtigen Blüten sind das Schönste an ihnen. Diese Hochgebirgspflanzen verlangen hohe Temperaturunterschiede zwischen Tag und Nacht sowie Sommer und Winter. Die meisten Autoren stellen *Aylostera, Cylindrorebutia, Digitorebutia, Mediolobivia* usw. zu der Gattung *Rebutia*.

Rebutia deminuta. Im Norden Argentiniens, in der Provinz Tucumán bei Trancas, wächst diese herrliche Art in humosen Felsritzen, unter Strauchwerk und auch unter Grasbüschen verborgen. Die stark sprossende, dunkelgrüne Art wird etwa 6 cm hoch und ebenso breit. Die Pflanzen weisen 11 bis 13 Warzenreihen auf. Auf den kleinen Areolen sitzen 10 bis 12 helle Dornen mit bräunlichen Spitzen. Meist im späten Frühjahr – oft auch nochmals im Herbst – erscheinen 3 cm lange, dunkelorangerote Blüten an den Seiten. Diese Art zählte früher zur Gattung *Aylostera* und wurde nun zu *Rebutia* gestellt. Eine ausgezeichnete Anfängerpflanze.

Rebutia heliosa (griech. *helios* = Sonne). In Bolivien, in der Provinz Tarija, beheimatet. Der Standort liegt an der Straße von Tarija nach Narvaez in einer Höhe von 2400 bis 2500 m. Der Körper auf rübiger Wurzel ist etwa 2 cm hoch und 2 bis 2,5 cm dick. Die etwa 38 spiralförmig gedrehten Rippen sind aus 1 mm langen Areolenhöckern gebildet. Jede Areole trägt 24 bis 26 anliegende Randdornen. Die Blüten erscheinen aus dem unteren Teil der Pflanze. Im Laufe der Jahre bilden sich hübsche Gruppen. Als Gebirgspflanze ist diese Art an ein rauhes Klima gewöhnt und wird deshalb auf einem Fensterbrett nicht lange überdauern. Eine harte Frühbeetkultur bietet die besten Erfolgsaussichten. Gepfropft ist diese Art wesentlich haltbarer.

Rebutia margarethae. Diese überaus variable Art kommt in der argentinischen Provinz Salta bei Santa Victoria in 3500 m Höhe vor. Der violettbraune Körper auf rübiger Wurzel wird etwa 4 cm hoch und 6 cm breit. Die Pflanzen weisen 15 bis 17 spiralig angeordnete Rippen auf, auf denen weißfilzige Areolen mit 7 bis 11 weit gespreizten Dornen sitzen, die später vergrauen. Seitlich erscheinen die 3,5 cm großen Blüten, die in einem kräftigen Orangeton leuchten. Als Hochgebirgspflanze liebt diese Art auch bei uns einen möglichst freien Standort in einem gut gelüfteten Frühbeet mit hohen Temperaturunterschieden.

Rebutia senilis. Diese häufige und beliebte Art ist im Norden Argentiniens in der Provinz Salta, in der oberen Quebrada Escoipe, beheimatet. Der flachkugelige, sattgrüne Körper erreicht einen Durchmesser bis 7 cm. Die Pflanzen sprossen im allgemeinen sehr reich. Auf weißwolligen Warzen sitzen etwa 25 weiße, dünne, borstig abstehende, bis 2 cm lange Dornen. Aus dem unteren Pflanzenteil erscheinen im Frühsommer rote oder auch orangerote Blüten, die 3 bis 3,5 cm im Durchmesser erreichen. Eine pflegeleichte Pflanze mit geringen Platzansprüchen. Es gibt eine ganze Reihe weiterer interessanter *Rebutia*-Arten in der Tabelle auf Seite 117.

Rhipsalis crispimarginata. Eine der robustesten *Rhipsalis*-Arten, die an jeder hellen Fensterbank gedeiht. Das Hauptvorkommen liegt in der näheren und weiteren Umgebung von Ilha Grande im brasilianischen Bundesstaat Rio de Janeiro. Die Art wächst dort epiphytisch in Regenwäldern. Die blattartigen, stark gekerbten und leicht gewellten Triebsegmente können 8 bis 10 cm breit und 8 bis 13 cm lang werden. Im Laufe der Jahre können sich herrliche Gruppen mit Trieben bis zu 1,5 m Länge bilden, die in den späten Wintermonaten überreich blühen. Die weißen und außen gelblichen Blüten erreichen Durchmesser von 10 mm. Die Art eignet sich sehr gut als Anfängerpflanze, die man am besten im Hängetopf kultiviert.

Schlumbergera-Hybriden. Mit seinen unzähligen Zuchtformen zählt der Weihnachtskaktus zu den häufigsten und beliebtesten Kakteen. In Nordostbrasilien, im feuchten Bergwald des Orgelgebirges bei Teresopolis und in der Serra do Mar sind *S. truncata* und *S. russeliana*, die Eltern vieler dieser Kreuzungen, verbreitet. Bereits vor 1817 wurde diese Pflanze nach Großbritannien eingeführt. Die zygomorphen Blüten deuten auf den Elternteil *S. truncata* hin. Die Blüten können eine Länge von 6 bis 7 cm erreichen. In den vergangenen Jahrzehnten sind dank gärtnerischen Züchterfleißes herrliche Farbhybriden in Lachs, Rosa, Weiß, Gelb bis Tiefkarminrot entstanden. Eine problemlose Pflanze, die aber auch im Winter nie ganz austrocknen sollte.

Sclerocactus parviflorus. (lat. *parviflorus* = kleinblumig). Die variable Art wächst in den Südwest- und Nordweststaaten der USA (Utah, Colorado, New Mexico, Arizona, Nevada) in mineralischen Böden. Dort fallen nur spärliche Niederschläge. Die dunkelgrüne Pflanze wird bei uns selten höher als 15 cm bei einem Durchmesser von 8 bis 9 cm. Die 12 bis 14 gehöckerten Rippen sind oft etwas gedreht. Die runden, anfangs weißfilzigen Areolen zeigen 12 bis 14 Randdornen in Weiß, Grau oder Bräunlich. Von den 3 bis 4, bis 6 cm langen Mitteldornen ist einer dunkler und nach oben gerichtet. Bei sehr sonnigem Standort erscheinen auch bei uns im Sommer 2,5 cm lange, purpurfarbene Blüten. Alle etwa 10 Arten der Gattung sind für Anfänger ungeeignet.

Selenicereus grandiflorus. Der sehr beliebte Rankcereus ist verbreitet im östlichen Tiefland von Mexiko sowie auf Jamaika, Kuba, Haiti und auf den Kleinen Antillen. Mit ihren Luftwurzeln klammert sich die Pflanze in Baumrinde, kriecht über Felsen und rankt durch Strauchwerk. 1753 wurde die Art von Linné beschrieben. Selten sind noch reine Arten in Kultur. In der Pharmazie werden die Inhaltsstoffe für herzstärkende Präparate verwendet. Die bis 2,5 cm breiten, matt dunkelgrünen Triebe mit 5 bis 6 niedrigen, kaum gebuchteten Rippen werden mehrere Meter lang. 7 bis 11 kurze, weißliche Dornen sitzen auf den Areolen. Im Sommer öffnen sich für eine Nacht die 25 bis 30 cm langen und etwa 25 cm breiten, nach Vanille duftenden Blüten.

Selenicereus nelsonii. Im südlichen Mexiko ist diese Art verbreitet. Sie entwickelt dünne rankende, sich verzweigende Triebe mit Durchmessern von 1 bis 1,5 cm. Die Pflanzen bilden reichlich Luftwurzeln. Die 6 bis 7 niedrigen, kantigen Rippen sind leicht gehöckert. Auf den kleinen, runden Areolen sitzen bis zu 12 gelbliche bis weißliche, 3 bis 7 mm lange Dornen. Aus dunkelroten bis purpurfarbenen Knospen entwickeln sich etwa 20 cm lange, weiße, leicht duftende Blüten, die sich nachts öffnen. Alle *Selenicereus*-Arten wünschen ganzjährig einen halbschattigen Standort im temperierten Gewächshaus, im Wintergarten oder auf einer Fensterbank. Die Gattung umfaßt etwa 20 Arten. Meist sehr gute Anfängerpflanzen.

Setiechinopsis mirabilis. Die monotypische Gattung ist in Argentinien bei Colonia Ceres, Santiago del Estero, beheimatet. Man findet sie dort auf steinig-lehmigem Untergrund. Die zylindrischen Triebe werden 12 bis 15 cm hoch und erreichen etwa 2 cm im Durchmesser. Ungewöhnlich ist die Farbe der Pflanze. Das je nach Standort unterschiedlich dunkelbräunliche Grün wird bei intensiver Sonneneinstrahlung noch dunkler. Auf 11 bis 15 Rippen sitzen Areolen mit 8 bis 14 dünnen, weißlichen Rand- und einem längeren, bräunlichen Mitteldorn. In Sommernächten öffnen sich langröhrige, weiße, nach Vanille duftende Blüten mit etwa 12 bis 13 cm Länge. Sie sind selbstfertil, können sich also selbst befruchten. Gute Anfängerpflanze.

Strombocactus disciformis (lat. *disciformis* = scheibenförmig). Diese monotypische Gattung stammt aus den mexikanischen Staaten Querétaro und Hidalgo, wo sie in engen Spalten von Tonschieferfelsen, in warmen Barrancas und auf kiesig-lehmigem Boden wächst. Bei den flachkugeligen, graugrünen, 5 bis 9 cm breiten und 4 bis 6 cm hohen Pflanzen sind die Rippen völlig in rhombische, wulstige Warzen aufgelöst. Die winzigen Areolen tragen anfangs spärlichen Wollfilz, der später verschwindet. Die 4 bis 5 borstigen, grauen Dornen sind oft nur in der Scheitelregion vorhanden. Im Sommer erscheinen in Scheitelnähe bis 3,5 cm breite und ebenso lange, weiße bis gelbliche Blüten. Nur für erfahrene Sammler mit Gewächshaus.

Sulcorebutia arenacea. Die in Bolivien beheimatete Art wurde im Departement Cochabamba, in der Nähe von Tiquirpaya in der Provinz Ayopaya, (etwa 10 bis 15 km in Richtung Santa Rosa), auf etwa 2200 m Höhe, gefunden. Die kleinen Körper erreichen nur etwa 3 bis 5 cm im Durchmesser und bilden durch Sprosse hübsche Gruppen. Auf den Areolen sitzen 14 bis 16 dünne, kammförmig angepreßte, weißlich-gelbliche Dornen. In den Sommermonaten erscheinen seitlich aus der Körperbasis 3 cm breite, goldgelbe Blüten mit langgespitzten Blütenblättern. Als Hochgebirgspflanzen wünschen alle der über 50 benannten Arten der Gattung sehr viel Sonne und frische Luft und außerdem hohe Temperaturunterschiede zwischen Tag und Nacht.

Sulcorebutia crispata. Alle bislang bekannten *Sulcorebutia*-Arten stammen aus Bolivien, aus Höhen zwischen 2000 und 3600 m. Diese braunbedornte Varietät der fast weißbedornten Art wächst auf etwa 2500 m Höhe bei Sucre im Departement Chuquisaca. Die kleinen Körper erreichen nur etwa 35 mm im Durchmesser bei einer Höhe von 25 mm. Auf tief dunkelgrüner Epidermis mit ungefähr 13 spiralig angeordneten Rippen sitzen auf bis zu 4 mm langen Areolen spinnenartig dicht anliegende, bräunliche Dornen ohne jeden Mitteldorn. Die hell bis dunkel magentafarbenen Blüten erreichen 3 cm Länge und gleiche Breite. Weitere empfehlenswerte Arten der umfangreichen Gattung sind in der Tabelle auf Seite 117 aufgeführt.

Sulcorebutia inflexiseta. Ebenso wie die zuvor beschriebene Art wächst diese hier auf den bolivianischen Hochflächen zwischen den Andenkämmen. Sie wurde erst 1969 im Departement Chuquisaca, in der Provinz Zudañez, auf etwa 2400 m Höhe in der näheren Umgebung von Presto gefunden. Die kugelförmigen und bis 3,5 m breiten Körper, die bisweilen sprossen, wurzeln oft flach in erdgefüllten Felsspalten. Ein besonderes Kennzeichen sind die dicht am Körper anliegenden, festen, weißlichen Dornen. Die trichterförmigen, 3 cm langen und 2 cm breiten, magentafarbenen Blüten erscheinen an der Basis der Pflanzen.

Sulcorebutia verticillacantha var. aureiflora. Charakteristisch für diese Varietät sind die hellgrüne Epidermis und die weißlichen Dornen. Der Heimatstandort liegt auf 3400 m Höhe bei Sucre, Tarabuco, im bolivianischen Departement Chuquisaca. Die kleinen Körper auf rübiger Wurzel werden etwa 2 cm hoch und 2,5 cm breit. Die etwa 17 spiralig verlaufenden Rippen sind in deutliche Höcker unterteilt, auf denen 8 bis 12 dicht anliegende, etwas gebogene Randdornen ohne Mitteldornen sitzen. Seitlich am Körper erscheinen die 3 cm langen und 4 cm breiten goldgelben Blüten. Eine andere Form dieser Varietät blüht in reinem Gelb.

Thelocactus bicolor. Diese variable und verbreitete Art kommt vom südlichen Texas bis nach Zentralmexiko, in den Bundesstaaten San Luis Potosí und Querétaro, vor. Die kugelförmigen, dunkelgrünen und selten sprossenden Pflanzen erreichen etwa 10 cm im Durchmesser. Im Alter nehmen sie eine leicht säulenförmige Gestalt an. Die 8 bis 13 Rippen verlaufen mitunter etwas gedreht; sie sind in wulstige Höcker aufgeteilt. Auf den weißfilzigen, später verkahlenden Areolen sitzen 15 bis 20 weißliche bis bräunliche Rand- und 1 bis 4 etwa 3,5 cm lange Mitteldornen. Im Alter vergrauen die oft zweifarbigen (lat. *bicolor*) Dornen. Im Sommer erscheinen in Scheitelnähe oberhalb der Areolen etwa 6 cm breite, purpurrosa Blüten.

Thelocactus horripilus. Diese kleinbleibende, ausgesprochen hübsche Art ist im mexikanischen Bundesstaat Hidalgo in den Barrancas von Metztitlan beheimatet. Einige Autoren stellen sie zur Gattung *Gymnocactus*. Die kugelförmig wachsende, bläulichgrüne Pflanze wird etwa 9 cm hoch und ebenso breit. Besonders in der Scheitelregion stehen die Dornen deutlich ab; sie sind anfangs noch gelblich und vergrauen später deutlich. Aus dem Scheitel erscheinen im Sommer 2 bis 4 cm breite, leuchtend weinrote Blüten. Die Gattung *Thelocactus* birgt neben dieser und der folgenden Art eine ganze Reihe interessanter Kakteen (siehe Tabelle auf Seite 117). Die meisten der etwa 30 Arten sind pflegeleicht und für Anfänger geeignet.

Thelocactus lophothele. (griech. *lophos* = Helmbusch, Haarschopf; griech. *thele* = Brustwarze, Zitze). Die variable Art wächst – oftmals tief im Boden sitzend – im mexikanischen Bundesstaat Chihuahua, in der Sierra de Paila bei Mariposa, auf steinigen kalkreichen Abhängen. Die kugelig bis leicht gestreckt wachsende Art erreicht etwa 15 cm Durchmesser und 25 cm Höhe; im Alter kann sie sprossen. Die 15 bis 20 spiralig verlaufenden Rippen mit weißlich-wolligem Scheitel sind in warzige Höcker aufgelöst. Die Areolen tragen 3 bis 5 dunkelbraune, bis 3 cm lange Rand- und oft einen längeren Mitteldorn. Aus scheitelnahen Areolen erscheinen 6 cm lange Blüten, deren Farbe von Gelblichweiß bis Rosenrot variieren kann.

Trichocereus pachanoi. Die Art, die in Ecuador, Peru, Argentinien und Bolivien vorkommt, zählt zu den besten Pfropfunterlagen. Aufgrund der Standorte in hohen Andenregionen (1800 bis 3400 m) sind harte Haltung und hohe Temperaturunterschiede zu empfehlen. Die baumförmig wachsenden Pflanzen werden bis 6 m hoch. Die anfangs blaugrünen Triebe (Durchmesser bis 15 cm) zeigen 6 bis 9 breite, gerundete Rippen mit leichten Quereinsenkungen über den Areolen. Die 3 bis 7 graubraunen oder grauen Dornen können auch fehlen. Die nächtlichen, weißen, duftenden, bis 23 cm langen Blüten erscheinen im Sommer. Die Gattung umfaßt etwa 80 beschriebene Arten. Sie sind meist sehr pflegeleicht.

Weingartia neocumingii. Beheimatet ist diese Art in der bolivianischen Provinz Florida, im Departement Santa Cruz an der Straße von Pulquina nach Taperas, in Höhen zwischen 1500 und 1900 m. Ausgewachsene Exemplare werden etwa 20 cm hoch und 10 cm breit. Die spiralig stehenden Rippen sind in Höckerreihen aufgelöst. Die länglich-ovalen, weißlichen Areolen tragen weißlich-gelbe Dornen, die sehr dünn oder auch kräftig sein können. Gelbe, etwa 2,5 cm lange und ebenso breite Blüten erscheinen im Kranz in den Frühsommermonaten. Alle etwa 25 Arten der Gattung sind recht pflegeleicht und für harte Haltung dankbar. Weitere empfehlenswerte Arten der Gattung sind in der Tabelle auf Seite 117 aufgeführt.

KENNEN & PFLEGEN

Kakteen im Haus und im Garten

Wo sollen Kakteen untergebracht sein?

Diese Frage stellt sich immer wieder, und zwar sowohl bei Anfängern, die Probleme haben, ihre „stachligen" Lieblinge anhand der arttypischen Kulturwünsche einzuordnen, als auch bei den erfahrenen Sammlern, die nicht mehr wissen, wo sie ihre Sammlung aus Platzmangel unterbringen sollen. Beschränken wir uns hier lediglich auf die notwendigen Kulturwünsche der Kakteen, denn Platzprobleme muß jeder Kakteenfreund selbst lösen. Die hier gegebenen Empfehlungen haben lediglich Orientierungscharakter, denn das Gelingen der Kakteenpflege hängt von vielen Faktoren ab: von der Temperatur, vom Licht, vom Lüften, vom Substrat, vom Gießen usw.

Der angehende Kakteenfreund oder jener, der sich mit Spezialisierungsgedanken trägt, sollte sich in jedem Falle überlegen, ob er seinen Kakteen auch die erforderlichen Kulturbedingungen bieten kann. In hohem Maße entscheidet die Unterbringung darüber, ob man bittere Enttäuschungen, Verdruß, Resignation und sogar Verluste erleidet oder aber herrliche Blüten und Wachstum erwarten darf. Mit Sicherheit führt es zu keinem befriedigenden Ergebnis, wenn man *Melocactus, Epiphyllum* oder *Rhipsalis* neben Lobivien oder Rebutien auf einer Fensterbank kultivieren möchte. In erster Linie sind die völlig verschiedenen Pflegebedingungen zu berücksichtigen, wenn man permanente und letztendlich auch frustrierende Mißerfolge vermeiden will. Man prüfe zunächst die eigenen Gegebenheiten und konzentriere sich dann nur auf solche Gattungen, die man aufgrund der vorliegenden Verhältnisse voraussichtlich erfolgreich kultivieren kann.

Natürlich gibt es Kakteen, die so robust und unverwüstlich sind, daß sie auch unter ungünstigen Kulturbedingungen noch gut gedeihen, aber das sind Ausnahmen. Mißerfolge stellen sich niemals grundlos ein. Deshalb sollte man sich auch nicht schnell entmutigen lassen, sondern mit Fachliteratur, durch Erfahrungsaustausch mit fortgeschrittenen Sammlern versuchen, die gravierendsten Kulturfehler zu erkennen und zu korrigieren. Und natürlich hilft die im Laufe der Zeit wachsende persönliche Erfahrung, die Bedingungen der Kultur richtig einzuschätzen. Auch auf einer sonnigen Fensterbank gedeihen Kakteen bei richtiger Auswahl ausgezeichnet, wenn man die geeigneten Arten auswählt. Wer nur wenig Sonne bieten kann, sollte deshalb auf Kakteen mit ausgesprochen hohen Lichtansprüchen sinnvollerweise verzichten und sich auf Arten konzentrieren, die mit etwas weniger Sonne zufrieden sind. Dazu zählen zum Beispiel die *Rhipsalis*- und *Schlumbergera*-Arten, die Gattung *Gymnocalycium* sowie „grüne" *Mammillaria*- und *Notocactus*-Arten.

Abgesehen von diesen Ausnahmen wünschen Kakteen (wie andere Sukkulenten auch) einen sehr sonnigen Standort mit genügend frischer Luft – auf der Fensterbank, auf dem Balkon, im Frühbeet oder im Gewächshaus. Außer einer optimalen Sonneneinstrahlung (wenigstens während eines Teils des Tages) ist viel frische Luft mit hohen Temperaturunterschieden zwischen Tag und Nacht sowie zwischen Sommer und Winter eine wichtige Voraussetzung für gesunde und vor allem blühwillige Kakteen.

> Erst wenn man sich über die Unterbringungsmöglichkeiten im klaren ist, beginnt man mit dem Aufbau einer Sammlung!
> Wichtig sind:
> Sonne, frische Luft, hohe Temperaturunterschiede und Wärme

Kakteenpflege auf der Fensterbank, im Blumenfenster oder auf dem Balkon

Nicht erst seit Spitzwegs Zeiten pflegt man Kakteen auf dem Fensterbrett. Besonders und gerade heute stehen mitunter beachtenswerte Kakteensammlungen auf Fensterbänken, in Blumenfenstern und natürlich auch auf dem Balkon. Sofern

Kakteen im Haus und im Garten

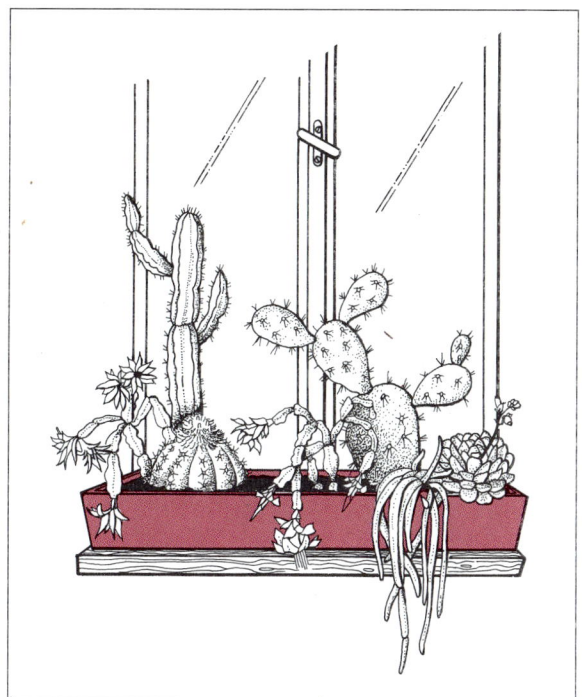

Bereits in einem Kasten vor dem Fenster läßt sich eine sehenswerte Kakteensammlung aufbauen. Die Töpfe werden in ein Substrat eingefüttert, damit sie nicht so rasch austrocknen.

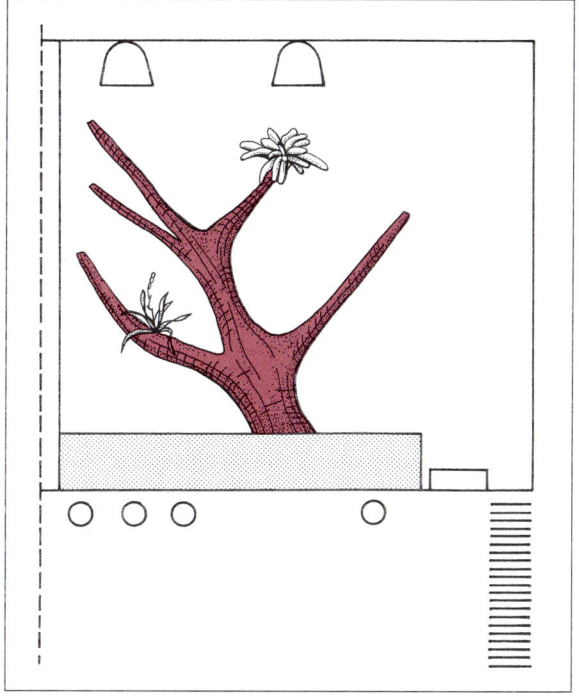

In einem temperierten Blumenfenster lassen sich *Rhipsalis*-Arten und Tillandsien sehr gut kultivieren. Zusätzliche Heizung und Beleuchtung sowie wie gute Lüftungsmöglichkeiten sind wichtig.

man sich bei der Auswahl auf jene Kakteen konzentriert, die sich auf Grund ihrer Herkunft und ihrer Ansprüche mit diesen Standorten begnügen, kann man eine überaus sehenswerte Spezialsammlung aufbauen. Natürlich sind dazu fundierte Standortinformationen unerläßlich, die man aus der Literatur oder auch durch intensiven Kontakt mit erfahrenen Kakteenfreunden erhält.

Ausgezeichnete Lichtverhältnisse sind für eine erfolgreiche Kultur ebenso unerläßlich wie optimale Heiz- und vor allem Lüftungsmöglichkeiten. Was wir an anderer Stelle über hohe Temperaturunterschiede zwischen Tag und Nacht sowie zwischen Sommer und Winter gelesen haben, gilt auch für die Kakteenpflege auf der Fensterbank und im Blumenfenster –, mit gewissen Abstrichen. Danach richtet sich die Auswahl der Pflanzen.

◤ Sonne: ein wichtiges Thema!

Nur wenn ausreichend Sonne zur Verfügung steht, gedeihen Kakteen gut. Ideal sind deshalb nach Süden oder auch Südwesten ausgerichtete Fenster oder Balkone. Auch Westfenster sind im Gegensatz zu Nord- oder Ostfenstern noch gut geeignet. In der winterlichen Ruhezeit wollen Kakteen und andere Sukkulenten ebenfalls sehr sonnig stehen.

Ein Blumenfenster in halbsonniger Lage eignet sich vorzüglich für die Kultur von epiphytisch wachsenden Kakteen und anderen Sukkulenten, zum Beispiel Arten der Gattungen *Aporocactus, Rhipsalis, Schlumbergera, Zygocactus, Tillandsia*. Aber auch an *Melocactus* und andere wärmeliebenden Arten kann man sich wagen, wenn die Nachttemperatur nicht unter 15 °C absinkt. Die oben genannten Gattungen lieben eher gleichbleibende Wärme.

Kakteen im Haus und im Garten

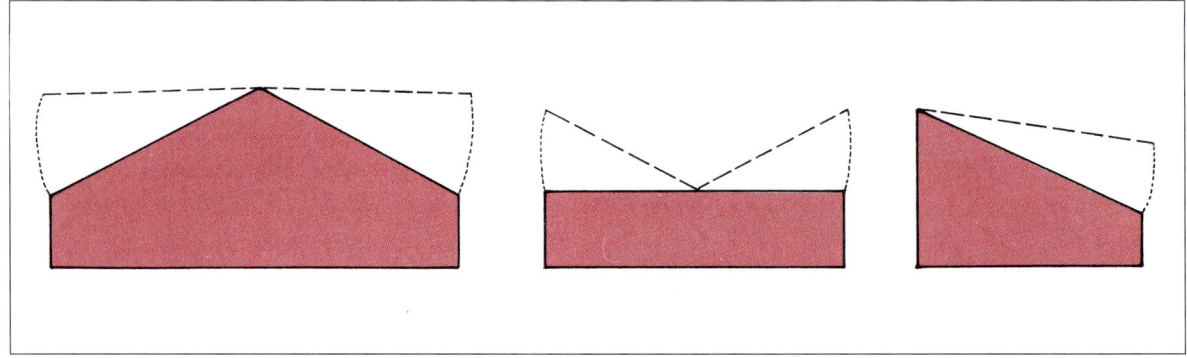

Verschiedene Frühbeetkonstruktionen mit unterschiedlichen Lüftungsmöglichkeiten.

▸ Problem Temperatur

Wer ausschließlich über konstant warme Fensterbänke verfügt, wird kaum befriedigende Resultate erzielen, denn solche Bedingungen sagen den Kakteen kaum zu. Mit viel Erfahrung kann man sich am ehesten mit *Ferocactus* oder gar mit den empfindlicheren *Melocactus*-Arten beschäftigen.

Man bedenke, daß die Temperatur auf einer Fensterbank durch die darunterliegende Heizung relativ hoch sein kann – zu hoch für viele Kakteen, die vielfach bei kühleren Temperaturen und in trockenem Substrat eine gewisse Ruhezeit benötigen, um sich auf die Blühsaison vorbereiten zu können. Weiterhin muß man beachten, daß bei zu hohen Wintertemperaturen zwangsläufig auch etwas gegossen werden muß, um ein allzu starkes Schrumpfen der Pflanzen zu verhindern. Es ist völlig verständlich, daß bei ungewohnter Behandlung Kakteen aus ihrem Rhythmus geraten und die Blühwilligkeit beträchtlich leidet.

Die Kultur im Frühbeet

Genaugenommen ist der Begriff „Frühbeet" schon falsch, denn es ist schon fast bereits ein kleines Gewächshaus, das sehr viele Vorteile des „großen Bruders" auf sich vereinigt. Man muß allerdings unterscheiden zwischen einem Frühbeet für die zeitlich befristete Kultur von Anfang April bis Mitte Oktober und einem Kasten, der als Alternative zum Gewächshaus eine ganzjährige Kakteenkultur ermöglicht. Die zweite, ganzjährige Variante erfordert ein erheblich solideres Frühbeet, das nicht nur besser isoliert ist, sondern auch ein stabiles Fundament hat und sich durch ein Erdkabel, durch einen Heizradiator oder ein thermostatgesteuertes Heizgebläse frostfrei halten läßt.

▸ Konstruktionstypen

Handwerklich begabte Kakteenfreunde können sich relativ problemlos ein Frühbeet nach ihren eigenen Bedürfnissen und Vorstellungen bauen. Für kleinere Sammlungen bietet der Fachhandel diverse Frühbeete an, die sich leicht aufstellen lassen und zudem noch pflegeleicht sind, weil sie nahezu ausschließlich aus rostfreien Materialien hergestellt sind. Man achte auch hier auf entsprechende Isolierverglasung bzw. auf Stegdoppelplatten.

▸ Mit oder ohne Heizung?

Wer seine Kakteen ohnehin im Spätherbst wieder ins Haus räumt oder an anderer Stelle frostfrei überwintert, kann auf eine Heizung verzichten. Ähnlich wie bei einem Gewächshaus ist auch bei einem Frühbeet eine gute Lüftung unerläßlich, weil sich das relativ kleine Luftvolumen bei geschlossenen Fenstern rasch aufheizen und die Pflanzen verbrennen kann. Bei sehr sonnigem

Sommerwetter sind bei geschlossenen Frühbeetfenstern durchaus Temperaturen von 60 °C und mehr möglich. Viele Kakteen und auch andere sukkulente Pflanzen würden diese Temperatur nicht überstehen oder doch zumindest starke Schädigungen davontragen. Es ist deshalb dringend anzuraten, ein Frühbeet mit automatischen Fensterhebern auszustatten oder am besten die Abdeckung völlig zu entfernen, wenn es die Witterung zuläßt.

Die Vorteile einer „harten" Kultur

Abgesehen von sehr empfindlichen Kakteen, auf die wir an anderer Stelle noch eingehen werden, können sehr viele Gattungen „hart" kultiviert werden, wofür sich ein Frühbeet besonders gut eignet. Optimale Sonneneinstrahlung, Wind, sommerliche Niederschläge, Tau und vor allem hohe Temperaturunterschiede zwischen Tag und Nacht sowie zwischen Sommer und Winter dienen dem Wohlbefinden der Kakteen. Voraussetzung ist, daß die Pflanzen dann nicht tagelang in wassergefüllten Schalen stehen, sondern daß man für eine gute Dränage aus Bims-, Lava-, Granitgrus oder auch Blähton sorgt.

Kakteen für die Kultur im Frühbeet

Für eine ganzjährige, harte Frühbeetkultur eignen sich besonders:
Lobivia, Parodia, Rebutia, Echinocereus, Oroya, Sulcorebutia, Echinopsis, Copiapoa, Neoporteria, Oreocereus, zahlreiche Opuntien, mit Ausnahmen auch *Notocactus, Gymnocalycium* und andere

Für eine Sommerkultur im Frühbeet kommen in Frage:
Astrophytum, viele Arten von *Mammillaria, Thelocactus, Coryphantha, Echinofossulocactus* und andere

Ungeeignet für eine ganzjährige Frühbeetkultur sind:
Melocactus, Discocactus, Buiningia, Uebelmannia, Aztekium, Lophophora, Ariocarpus und andere

---

Hart kultivierte und den diversen Witterungseinflüssen ausgesetzte Kakteen werden auch seltener von Schädlingen (wie Woll- und Schildläusen) befallen. Auch Virus- und Pilzerkrankungen sind weitaus seltener zu beobachten als an verweichlichten Pflanzen. Lediglich Schnecken oder Ameisen und leider auch Unkraut sollten gelegentlich in Grenzen gehalten werden.

Die Gewächshauskultur

Ein eigenes Gewächshaus ist der Traum eines jeden Kakteensammlers. Und besitzt man bereits ein kleines Gewächshäuschen, so träumt man mit Sicherheit von einem größeren oder von einem zweiten Gewächshaus. In einem Gewächshaus ist es möglich, vielen Kakteen die notwendigen Pflege- und Klimabedingungen in hohem Maße zu garantieren, weil man den Bedürfnissen entsprechend auch in den Wintermonaten thermostatgesteuert heizen kann. Zusätzlich entfällt zugleich das arbeitsaufwendige Aus- und Einräumen. Aber auch in einem Gewächshaus muß man sich überlegen, ob man alle seine Kakteen aus den unterschiedlichsten Klimazonen in ein gemeinsames Gewächshaus zwängt. Damit plädiere ich nicht bereits für das Zweithaus, sondern nur dafür, daß man sich auch hier entscheiden muß, welche Klimazone man favorisiert. Es muß klar sein, daß sich *Islaya*-Arten nicht im gleichen Klima wie *Melocactus* oder *Discocactus* wohlfühlen.

Die Lage des Gewächshauses

Es kommt nicht nur auf die individuellen Bedürfnisse der Kakteen an, sondern vor allem darauf, ob das Gewächshaus voll- oder halbsonnig steht, mit allen Übergängen bis hin zu einem überwiegend schattigen Standplatz. Obwohl Kakteen vielfach recht anpassungsfähige Pflanzen sind, muß man doch berücksichtigen, daß ein schattig oder halbschattig stehendes Gewächshaus eher für epiphytisch wachsende Kakteen geeignet ist als für *Parodia, Echinocereus, Melocactus* oder *Lobivia*.

Kakteen im Haus und im Garten

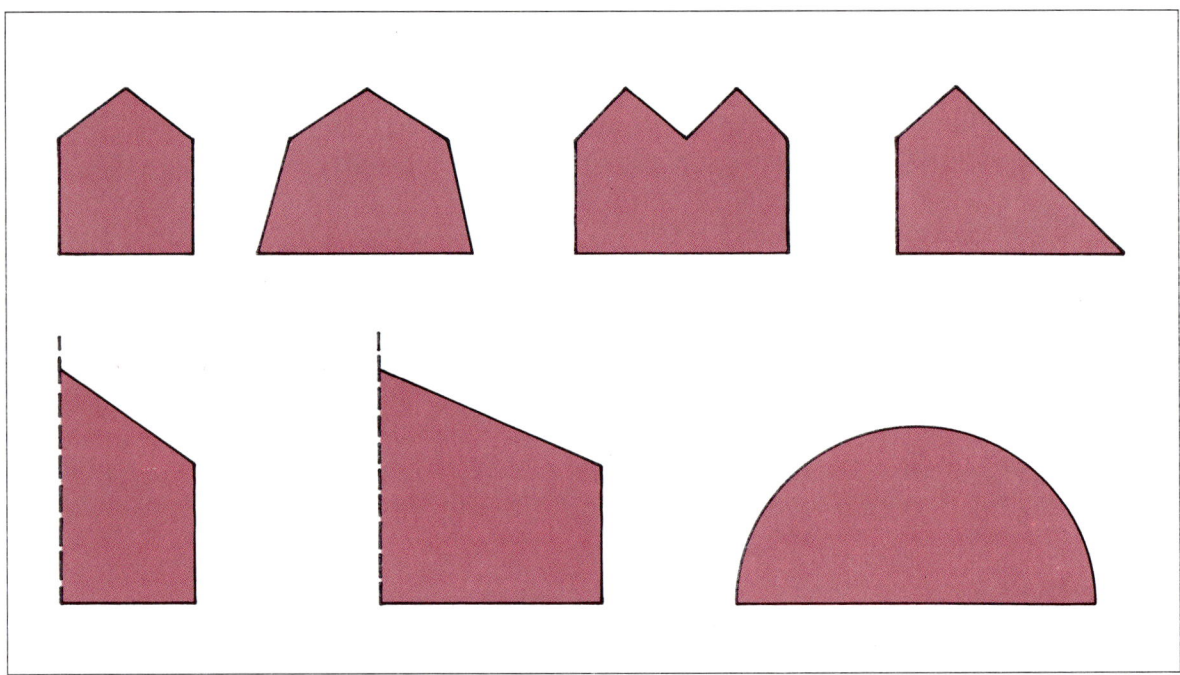

Gewächshäuser lassen sich für jeden Bedarf und für jedes Grundstück variabel gestalten. Informieren Sie sich rechtzeitig, ob für den Bau eine Genehmigung von seiten der Gemeinde vorliegen müßte.

Grundüberlegungen zur Gewächshauskonstruktion

Die Industrie bietet nahezu für jeden Geldbeutel verschiedene Gewächshaustypen in unterschiedlichen Formen und Ausführungen an, je nach den persönlichen Wünschen und Vorstellungen. Besonders günstig sind vorgefertigte Typen, die man nach Katalog bestellen kann. Um viele Jahre vor Korrosion und Rost Ruhe zu haben, empfiehlt sich eine Ausführung aus Aluminiumprofilen oder aus feuerverzinkten Teilen. Besonders hochwertige Konstruktionen sind so beschaffen, daß sich kaum heizkostenintensive Kältebrücken bilden. Gut isolierende Stegdoppelplatten oder Isolierglas haben sich besonders bewährt.

Man achte bereits bei der Planung darauf, daß möglichst ein frostsicheres Fundament gebaut werden sollte. Die Bauvorschriften sind vor allem in bezug auf die Firsthöhe und im Hinblick auf dem Abstand zum Nachbargrundstück zu berücksichtigen. Auf großzügige Lüftungsmöglichkeiten ist von vornherein zu denken, denn nachträgliche Ergänzungen sind entweder nicht mehr möglich oder aber sehr kostenaufwendig. Oftmals unterschätzt man auch, daß Kakteen rasch wachsen können, und in einem zu knapp bemessenen Gewächshaus kann man sich dann weder drehen noch wenden. Außerdem entwickelt sich in einem etwas großzügigeren Gewächshaus ein besseres Mikroklima, in dem sich die Kakteen wohler fühlen.

Man denke auch an die Möglichkeit, ein Mittel- oder Seitenbeet für größere bzw. für attraktivere Schaupflanzen einzurichten. Hängestellagen sind für Jungpflanzen oder Sämlingsanzuchten praktisch. Um nicht immer auf dem Boden umherkriechen zu müssen, sind stabile Pflanzentische bzw. Stellagen notwendig, die aus Aluminium oder noch besser aus Beton-Fertigteilen gefertigt sein sollten.

In jedem Falle muß man sehr sorgfältig planen, wo man Hängestellagen anbringen und Pflan-

Kakteen im Haus und im Garten

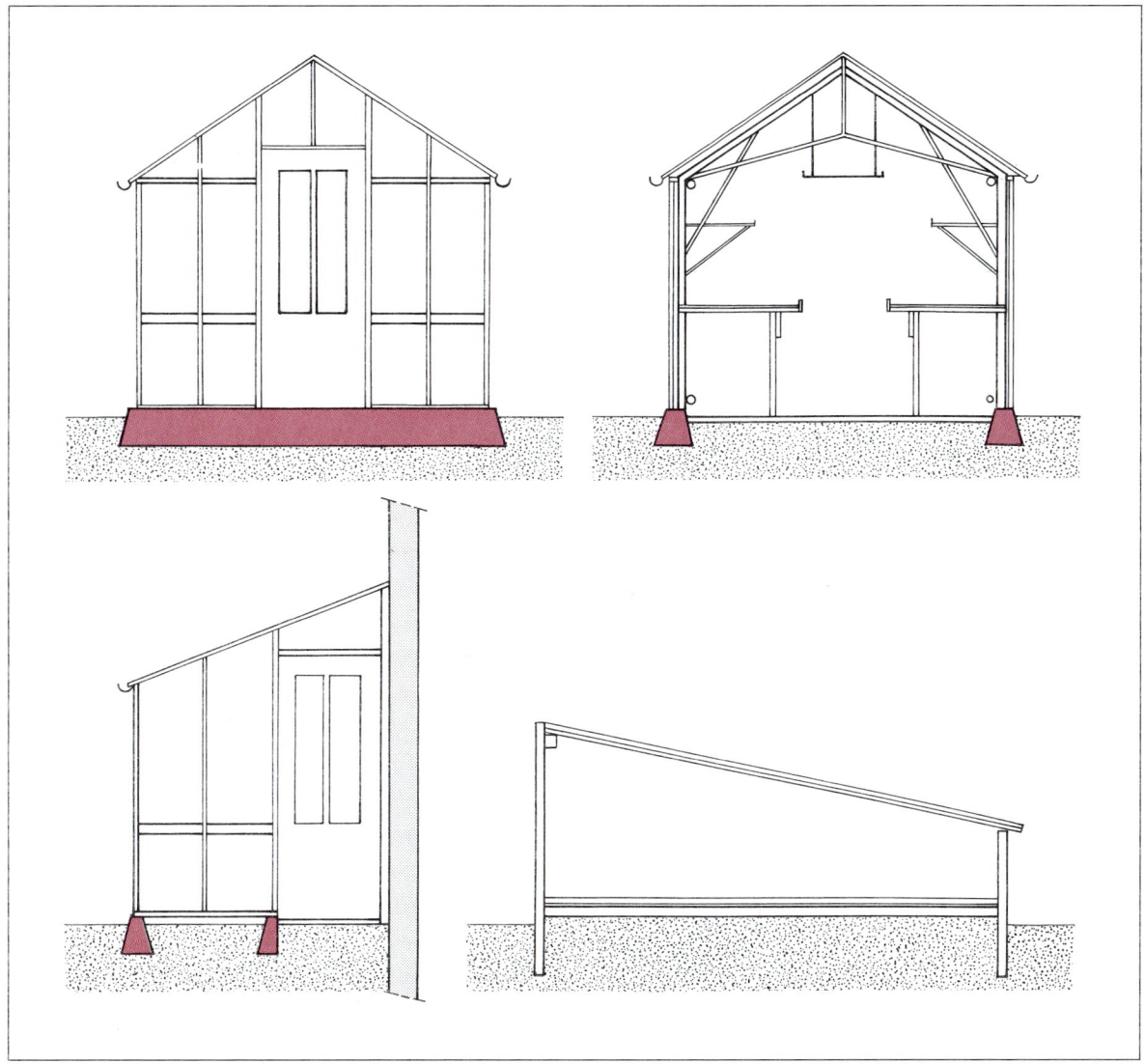

Gewächshauskonstruktionen.
Oben links: Gewächshäuser müssen ein solides Fundament haben, damit sie sich nicht durch einseitige Belastung verziehen. Oben rechts: Stellagen, ob abgestützt oder hängend, müssen sehr stabil sein.
Unten links: Pultgewächshäuser lassen sich oftmals leicht an die Wohnhausheizung anschließen.
Unten rechts: Für kleinere oder hart gehaltene Sammlungen eignet sich ein Frühbeet ausgezeichnet.

zentische aufstellen will und wo sich vielleicht das Mittelbeet befinden wird. Frei ausgepflanzte Opuntien, Cereen und Agaven entwickeln ein ungeahntes Wachstum, wenn sie sich an einem Ort besonders wohlfühlen. Bedenkt man die Attraktivität eines solchen Grundbeetes mit gewaltigen Pflanzen, ist es doch besonders schade, wenn diese Wuchskraft wegen Platzmangel mit Hilfe von Säge oder Beil auf erträgliche Dimensionen gestutzt werden muß.

In schneereichen Gegenden des Schwarzwaldes oder der Schwäbischen Alb empfiehlt sich eine besonders stabile Gewächshauskonstruktion bzw. eine steilere Dachneigung, damit der Schnee

Kakteen im Haus und im Garten

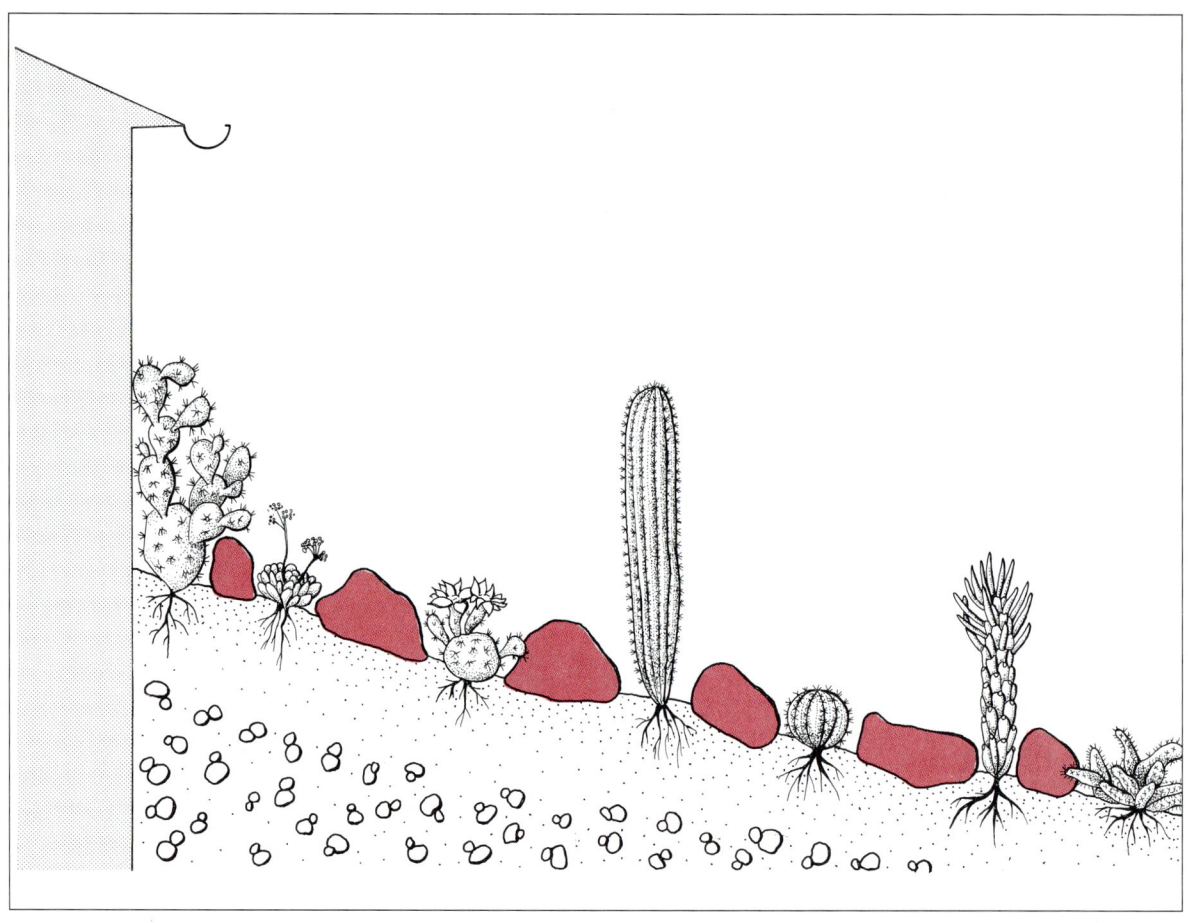

Steingarten vor einer nach Süden ausgerichteten Gewächshausseite mit winterharten Kakteen und anderen sukkulenten Pflanzen anlegen. Im Sommer kann man andere frostempfindliche Pflanzen dazwischensetzen, sofern man diese im Herbst wieder eingetopft in geschützte Räume holt.

nicht eines Tages den First eindrückt. Bei der Planung muß auch sorgfältig überlegt werden, ob und wie das neue Gewächshaus beheizt werden soll. Häufig werden thermostatregulierte elektrische Heizlüfter verwendet, die rasch installiert sind und zudem recht zuverlässig über einen längeren Zeitraum betrieben werden können, allerdings sollten vorher die Stromkosten durchdacht werden. Für größere Gewächshäuser eignet sich der Anschluß an die Warmwasserheizung des Wohnhauses. Zwar ist die Installation sehr teuer, aber der Heizbetrieb dafür wesentlich günstiger als alle anderen Möglichkeiten.

Kakteen im Steingarten

Die Tatsache, daß zahlreiche Kakteen und andere Sukkulenten unter mitteleuropäischen Klimaverhältnissen absolut frosthart sind und keinerlei besonderer Pflege bedürfen, hat in erster Linie dazu beigetragen, daß sich in den letzten Jahren viele Kakteensammler diesem Gebiet in verstärktem Maße zuwenden. Gärtnereien, die sich mit der Vermehrung winterharter Kakteen und anderer Sukkulenten beschäftigen, sind noch verhältnismäßig selten. Der Autor

Kakteen im Haus und im Garten

weiß aus eigener Erfahrung, daß sich immer wieder Kakteenfreunde entschließen, ihr Sammelgebiet zugunsten der „Winterharten" zu korrigieren. Dabei spielen die steigenden Heizkosten ebenso eine entscheidende Rolle wie die problemlose Kultur. Selbst unter härtesten Klimabedingungen auf der Schwäbischen Alb und im Schwarzwald gedeihen winterharte Kakteen und blühen jedes Jahr überreich.

In ihrer Anspruchslosigkeit sind sie kaum noch von anderen Pflanzen zu übertreffen. Die sehr harten und rauhen Winter in ihrer nordamerikanischen Heimat oder an südamerikanischen Hochgebirgsstandorten haben sie anspruchslos und robust werden lassen. Zu den härtesten dieser Kakteen zählen zweifelsohne diverse kleinbleibende *Opuntia*-Arten. In milderen Gegenden, in Weinbaugebieten und im Rheintal, können noch eine Reihe anderer Kakteen problemlos kultiviert werden. Die interessantesten winterharten Kakteen finden Sie auf Seite 75 in diesem Buch.

Grundvoraussetzungen für die Kultur im Garten

Erfolgreich kann die Kultur winterharter Kakteen allerdings nur dann sein, wenn man gewisse Vorkehrungen trifft. Zunächst muß ein Kakteengarten unbedingt in vollsonniger Lage angelegt werden. Ein nach Süden abfallender, völlig schattenfreier Hang mit sehr durchlässigem, mineralischem und steinigem Substrat wäre optimal, denn stehende Nässe vertragen selbst die widerstandsfähigsten Kakteen auf Dauer nicht. Man kann bei langanhaltenden Regenperioden eine lichtdurchlässige Überdachung schaffen, die auf allen Seiten frische Luft durchläßt. Aber bei guter Dränage ist eine solche Überdachung nicht notwendig. Auch in Trögen und Kübeln lassen sich winterharte Kakteen problemlos kultivieren,

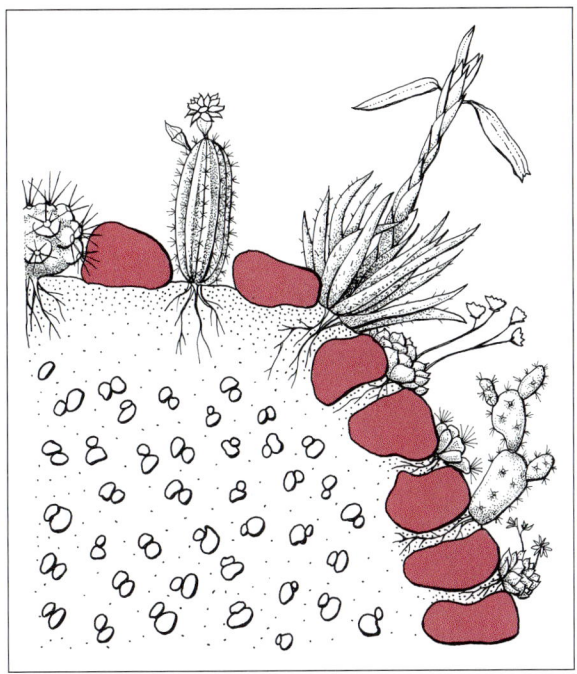

Ein „**Steingarten**" kann auch durch eine Stützmauer entstehen, hinter der Erde aufgeschüttet wurde. Stehende Nässe muß vermieden werden! Im Sommer kann man auch andere, sonst frostempfindliche Kakteen dazwischensetzen.

wenn man für eine entsprechende Dränage und sehr durchlässiges Substrat sorgt.

Wichtig ist, daß man winterharte Kakteen und andere Sukkulenten nicht durch übermäßige Düngung verweichlicht und möglichst wenig gießt. Nur während sehr langer Trockenperioden werden kleinere Pflanzen mit nicht voll ausgebildetem Wurzelsystem gegossen. Gleiches gilt für Stecklinge.

Die winterharten Kakteen des Autors werden grundsätzlich weder gegossen noch gedüngt, schließlich läuft am Heimatstandort jener Pflanzen auch niemand mit der Gießkanne herum!

Winterharte Kakteen

Wer sich mit Kakteen beschäftigt, denkt dabei unwillkürlich an Sonne, Wärme und südliche Gefilde. Man kennt jedoch mittlerweile eine ganze Anzahl relativ robuster Kakteen, die auch unter den harten mitteleuropäischen Witterungsverhältnissen unter gewissen Bedingungen ganzjährig im Freien kultiviert werden können. Deshalb hat sich in den letzten Jahren das Interesse an winterharten Kakteen enorm gesteigert. In gleichem Maße ist auch das Interesse an den anderen winterharten Sukkulenten gestiegen. Bei vielen Kakteenfreunden, die auf winterharte Kakteen umsteigen, spielen sicher auch Ersparnisgründe eine Rolle, denn ein Gewächshaus im Winter zu bezahlen, belastet den Haushaltsetat unter Berücksichtigung steigender Energiekosten zusätzlich. Aber letztendlich ist es einfach faszinierend, Kakteen zu kultivieren, die unsere Winter schadlos überstehen und dennoch wachsen und zudem prächtig blühen.

Arten für die ganzjährige Freilandkultur

Winterhart sind jene Kakteen, die in unseren Breitengraden – unter gewissen Voraussetzungen – mehr oder weniger ungeschützt die langen Wintermonate überstehen. Zu den wichtigsten Voraussetzungen zählen zunächst einmal ein vollsonniger Standort und ein durchlässiges, überwiegend mineralisches Substrat. Man gestaltet deshalb mit großen Steinen, Schotter, Kies, Lava, Bims, Granitgrus und vielleicht sogar einigen dekorativen Felsbrocken eine nach Süden abfallende Hanglandschaft, damit überschüssige Nässe problemlos abfließen kann. Die Anlage einer solchen Freilandsammlung bietet sich gerade vor einer Südterrasse oder einer Südwand an. Wichtig ist, Staunässe unbedingt zu vermeiden. Auf der Schwäbischen Alb, im Schwarzwald oder in anderen Mittelgebirgen – also in Gegenden mit besonders rauhem Klima – kann man zusätzlich noch einen Regenschutz in Form von abnehmbaren, lichtdurchlässigen Frühbeetfenstern oder Plexiglasplatten montieren, der aber allseitig offen sein muß, damit die Luft ungehindert darunter zirkulieren kann. Gute Luftbewegung ist lebenswichtig für winterharte Kakteen.

Im Schwarzwald und auf der Schwäbischen Alb gibt es aber in Höhen über 400 m durchaus herrliche Sammlungen von winterharten Kakteen, die ohne Regenschutz prächtig gedeihen. Man sollte jedoch die Sammlung stets unkrautfrei halten, damit es in feuchteren Jahren nicht zu Fäulnis kommt.

Wenn man berücksichtigt, daß Opuntien bis zum 60. Grad nördlicher Breite, also bis zum Peace River in Kanada, vorgedrungen sind und dort Temperaturen zwischen −30 und −40 °C aushalten, so sollte es uns doch gelingen, mit geringem Aufwand im Freien eine herrliche und sehenswerte Sammlung winterharter Kakteen und anderer Sukkulenten aufzubauen.

An ihren heimatlichen Standorten überstehen Kakteen vielfach wesentlich tiefere Temperaturen nur deshalb, weil sie gleichzeitig völlig trocken stehen. Andere Arten werden bei längeren starken Frösten von einer schützenden Schneedecke vor nachhaltigen Schäden geschützt. Im Gegensatz dazu steht unser mitteleuropäisches Klima mit meist außerordentlich hohen Niederschlägen in den Wintermonaten, so daß unsere Freilandkakteen bei anhaltender Kälte auch in nassem Erdreich stehen, das dann oftmals zum Abfaulen und zum Verlust der Pflanze führt. Wir müssen deshalb bemüht sein, den winterharten Kakteen die bestmögliche Dränage und den sonnigsten Standort zu geben.

Winterharte Kakteen ein und derselben Art oder Varietät können durchaus eine unterschiedliche Frosthärte aufweisen. Hierbei wirkt sich nicht nur die Herkunft des Samens bzw. des Pflanzenmaterials entscheidend aus, sondern auch die Tatsache, unter welchen Bedingungen die erworbenen Pflanzen vermehrt wurden. Wenn winterharte Kakteen in einem ganzjährig temperierten Gewächshaus vermehrt wurden, haben sie einen Großteil ihrer Frosthärte verloren. In diesem Falle müs-

Winterharte Kakteen

Kakteenarten für die ganzjährige Kultur im Freiland

Die härtesten winterharten Kakteen
(Bei guter Dränage und vollsonniger Südhanglage ist kein Regenschutz notwendig.)
Opuntia polyacantha und einige ihrer Varietäten
- *compressa* (*O. vulgaris*)
- *fragilis*
- *rhodantha*
- *rutila*
- *phaeacantha* mit einigen Varietäten
- *humifusa*
- *juniperina*
- *rafinesquei*

Kakteen, die in sehr kalten Gebieten mit Regenschutz in den Wintermonaten kultiviert werden können (in Weingegenden auch völlig ohne Regenschutz)
Neobesseya missouriensis
- *wissmannii*
- *vivipara* var. *arizonica*
Maihuenia patagonica
- *poeppigii*
Opuntia basilaris
- *compressa* mit einigen Varietäten
- *darwinii*
- *engelmannii*
- *engelmannii* var. *discata*
- *fragilis* mit einigen Varietäten
- *howeyi*
- *hystricina*
- *lindheimeri*
- *phacacantha* mit zahlreichen Varietäten
- *polyacantha* var. *erythrostemma*
- *pachyclada* var. *spaethiana*
- *rhodantha* mit einigen Varietäten
- *rubriflora*
- *rutila*
- *sphaerocarpa*
- *spirocentra*
- *tortispina*
- *utahensis*
- *xanthostemma*
Pediocactus bradyi
- *bradyi* var. *knowltonii*
- *simpsonii*
Pterocactus skottsbergii

Kakteen für milde Gegenden bei Wintertemperaturen bis etwa −12 °C
(sehr gute Dränage, vollsonniger Standort und entsprechender Regenschutz vorausgesetzt)
Austrocactus patagonicus
Austrocylindropuntia verschaffeltii
Coryphantha chlorantha
- *chlorantha* var. *deserti*
- *vivipara* mit einigen Varietäten
Echinocereus baileyi
- *caespitosus*
- *coccineus*
- *fendleri*
- *hempelii*
- *mojavensis*
- *pectinatus* var. *reichenbachii*
- *purpureus*
- *roemeri*
- *stramineus*
- *triglochidiatus*
- *viridiflorus*
Neobesseya missouriensis
- *similis*
- *wissmannii*
Opuntia clavata
- *compressa*
- *davisii*
- *fulgida*
- *grandis*
- *hystricina* mit einigen Varietäten
- *imbricata*
- *leptocaulis*
- *polyacantha* var. *trichophora*
- *procumbens*
- *rhodantha*
- *vasey*
Sclerocactus whipplei
- *verschaffeltii*

sen die Pflanzen langsam an ihre eigene Härtegrenze gewöhnt werden. Und dieser Prozeß kann durchaus zwei Jahre dauern.

Allein die klimatischen Bedingungen am Heimatstandort als Basis für die Kultur winterharter Kakteen in unseren Breiten zu nehmen, kann zu großen Verlusten führen. Um sicher zu sein, wird man zunächst von einer etwas geringeren Frosthärte ausgehen und nach und nach die Vorsichtsmaßnahmen (zum Beispiel eine zusätzliche Abdeckung) in den kommenden Jahren aufheben.

Darüber hinaus sollte man sämtliche Angaben und Werte in der Fachliteratur daraufhin überprüfen, inwieweit sie sich auf die eigenen Kulturbedingungen übertragen lassen. Jeder einzelne Autor wird wieder etwas andere Erfahrungswerte angeben, weil er unter seinen persönlichen Kulturbedingungen (Stand der Sonne, Art der Dränage und des Substrates, Windintensität usw.) zwangsläufig immer zu abweichenden Beurteilungen kommt. Eine *Opuntia hystricina,* die in einer Sammlung bereits −30 °C schadlos überstanden hat, kann in einer anderen Sammlung bei −18 °C erfrieren. Deshalb sei man sich nie so sicher, sondern gehe mit Überlegung und Vorsicht an dieses herrliche Sammelgebiet ran.

Pflegehinweise

Gehen wir nun davon aus, daß die winterharten Kakteen ihren ersten Winter überstanden haben, und neugierig wollen wir den Zustand der Pflanzen prüfen. Man sollte dabei nicht enttäuscht sein, wenn nach der Schneeschmelze die winterharten Kakteen wieder zum Vorschein kommen, sind sie beträchtlich geschrumpft und sehen mitunter jämmerlich aus, was im übrigen einen völlig normalen Prozeß darstellt. Bereits nach wenigen Wochen haben sie sich wieder erholt und zeigen auch bald einen Neutrieb.

Vermehren lassen sich winterharte Kakteen problemlos. Man trennt in den Monaten Mai bis Juli ausgereifte Sprosse oder Segmente ab und läßt die Schnittstelle etwa zwei Wochen lang abtrocknen, bevor man sie an Ort und Stelle wieder steckt. Bis zum Herbst sollten die Stecklinge gut bewurzelt sein, damit sie den Winter überstehen.

Eine gut angelegte Freilandanlage mit winterharten Kakteen und mit anderen winterharten Sukkulenten muß man weder gießen noch düngen, lediglich unkrautfrei muß man die Anlage halten. Außer einigen Schnecken und mitunter auch Ameisen werden kaum Schädlinge lästig.

Wenn man nun hört, wie problemlos sich die Kultur von winterharten Kakteen gestaltet, wird man sich die Frage stellen, weshalb man nicht schon längst damit begonnen hat. Am Platzbedarf kann es sicher nicht liegen, denn in einem Balkonkasten oder in einem Kübel kann man ebenfalls erfolgreich winterharte Kakteen kultivieren.

Kultur und Pflege

Viele Faktoren spielen eine wichtige Rolle, ob man Freude oder Ärger und Enttäuschung mit seinen Kakteen erlebt. Ein „Arbeitskalender" für Kakteen kann verständlicherweise nur allgemeine Hinweise geben, denn es kommt auch darauf an, wo man wohnt – ob im Gebirge, an der See oder im Flachland. Außerdem spielt es eine Rolle, ob die Kakteen im Zimmer, im Gewächshaus oder im Frühbeet stehen. Wir haben also einerseits jeweils die individuelle, eigene Standortsituation zu berücksichtigen, und andererseits muß man sich mit den wesentlichsten Herkunftsangaben und den daraus resultierenden speziellen Pflegewünschen bestimmter Kakteen auseinandersetzen, um optimale Kulturmöglichkeiten zu erzielen.

All dies klingt für einen Anfänger fürchterlich kompliziert, ist es aber gar nicht. Man muß sich lediglich vor Augen halten, daß es gewisse Richtlinien zur erfolgreichen Kakteenpflege gibt, die sich zwischen den einzelnen Gattungen ebenso unterscheiden wie die jeweiligen vorhandenen Pflegemöglichkeiten.

Der Autor erhält nahezu täglich Anfragen, die sinngemäß lauten: „Wie oft muß ich meinen Kaktus gießen?" Der aufmerksame Leser erkennt die Sinnlosigkeit dieser Frage, die auch hätte lauten können: „Wie oft muß ich mein Auto betanken?" Es kommt eben immer darauf an, um welchen Kaktus es sich handelt. Größe und Alter sind ebenso zu berücksichtigen, wie Topf und Erde, Standort, Temperatur und Lichtangebot.

Kakteenpflege im Jahreslauf

Januar und Februar

Je nach Standort kündigt sich bei einigen wenigen Kakteen durch das Erscheinen erster zaghafter Knospen das nahe Ende der Ruheperiode an. Die Tage werden wieder etwas länger, die Kraft der Sonne nimmt langsam zu. Noch werden die meisten Kakteen an ihrem kühlen, möglichst sonnigen Standort trocken gehalten. Selbstverständlich düngt man auch nicht! Epiphytische Kakteen (wie *Rhipsalis, Schlumbergera* usw.) stehen etwas wärmer und erhalten regelmäßig Wasser und sehr wenig Dünger, keinesfalls darf man sie naß halten!

Wer die Möglichkeit hat, kann an trüben Tagen durch Zusatzbeleuchtung mit Speziallampen den Lichtmangel ausgleichen. Wichtig ist, immer wieder ausreichend für frische Luft sorgen, um die Pflanzen abzuhärten. Tierische und pilzliche Schädlinge meiden oftmals hart und artgerecht kultivierte Kakteen. Sämlinge haben im ersten Jahr keine Ruheperiode; sie sollten an einem temperierten, sehr hellen Ort bei sehr mäßiger Feuchtigkeit langsam weiterwachsen können.

Dennoch, trotz aller Vorsichtsmaßnahmen können sich eventuell eingeschlichene oder übersehene Woll- und Schildläuse sowie Spinnmilben gerade in diesen Wochen dank der trockenen Luft explosionsartig vermehren. Deshalb heißt es: Wachsam sein!

März und April

Die ersten frühblühenden Kakteen (*Echinofossulocactus, Mammillaria* usw.) erfreuen uns. Teilweise regt sich mit der steigenden Sonneneinstrahlung der Neutrieb in den Scheitelregionen. Erste Umtopfaktionen können durchgeführt werden. Die teilweise sehr sonnigen Perioden machen es je nach Standort notwendig, daß empfindlichere Arten in der ersten Zeit mit einem Bogen Zeitungspapier vor Verbrennungen geschützt werden. Viele Kakteen müssen sich nach der langen lichtarmen Jahreszeit erst wieder langsam an die Sonne gewöhnen.

Sehr ausgiebiges Lüften dient dem Wohlbefinden der Kakteen. Aber Vorsicht, milde, sonnige und klare Tage verführen rasch zu Leichtsinn, denn eine überraschende Frostnacht kann zu erheblichem Schaden führen.

An warmen Tagen wird mit kalkfreiem, temperiertem Wasser reichlich genebelt. Je nach Standort können Ende März oder Anfang April erste vorsichtige Wassergaben verabreicht werden, vor allem dann, wenn sich deutlich Blütenknospen bemerkbar machen.

Kultur und Pflege

Sofern beheizbare Aussaatschalen zur Verfügung stehen, kann man jetzt aussäen. Sämlinge warm halten und nicht austrocknen lassen. Besonders aufmerksam auf tierische Schädlinge achten!

Mai und Juni

Die milde Witterung mit zahlreichen Sonnentagen sorgt für erste reiche Blüten bei *Mammillaria*, *Notocactus*, *Rebutia*, *Lobivia* usw. Kakteen, die nach den Eisheiligen nach draußen in die Sonne gestellt werden, benötigen dringend in den ersten Tagen einen Sonnenschutz, wenn man nicht gerade ein trübe Witterungsphase erwischt hat. Die durch Leichtsinn entstandenen Verbrennungsschäden verwachsen nur in den seltensten Fällen. Vor allem epiphytisch wachsende Kakteen, die ohnehin nur Halbschatten wünschen, müssen sehr überlegt ins Freie gestellt werden. Man muß den Lauf der Sonne unbedingt beachten. Nach Herzenslust kann man jetzt umtopfen, sofern es notwendig ist. Frisch umgetopfte Pflanzen werden einige Tage lang nicht gegossen, damit die beim Austopfen eventuell entstandenen Wurzelbeschädigungen wieder abheilen können.

Die Kakteen sollte man jetzt reichlich nebeln und auch kräftig gießen, aber das Substrat muß zwischen den Wassergaben immer wieder austrocknen können. Staunässe ist zu jeder Jahreszeit äußerst gefährlich und führt oft zum Verlust der Pflanze. Gerade für die ersten Düngergaben gilt: weniger ist beim Düngen oftmals besser! Allgemein im Mai und Juni eine gute Zeit zum Aussäen und zur Stecklingsvermehrung. Auch für Pfropfunterlagen ist zu sorgen. Das späte Frühjahr ist außerdem eine gute Zeit zum Pikieren.

Juli und August

Von wenigen Ausnahmen abgesehen stehen die meisten Kakteen in Blüte und im Wachstum. Gewaltige Opuntien – frei ausgepflanzt in Gewächshäusern – können innerhalb weniger Wochen hunderte von Blüten hervorbringen. Alle Kakteen benötigen jetzt sehr viel Sonne und vor allem frische Luft sowie hohe Temperaturunterschiede. Wieder gilt es: viel Nebeln und reichlich gießen, Staunässe aber vermeiden. Wenn notwendig, auch düngen! Falls erforderlich, wird weiter umgetopft, man setzt Stecklinge, pikiert, pfropft oder sät.

Einige Frühblüher (*Mammillaria*, *Notocactus*, *Rebutia*, *Echinocereus*, *Echinofossulocactus* usw.) legen von Mitte Juli bis Mitte August eine leichte Sommerruhe ein. Das bedeutet, daß man jene Arten sparsamer gießen muß und keinesfalls düngen darf. In dieser kurzen Trockenpause können die Frühjahrsblüher bei Bedarf umgetopft werden, sofern der Topf zu klein wird, das Wachstum zu schwach war oder Verdacht auf Schädlingsbefall oder eine Wurzelerkrankung besteht. Ab Ende August schränkt man die Düngergaben ein.

Schlumbergera-Hybriden beginnen jetzt allmählich mit ihrer Ruheperiode und erhalten nur noch wenig Wasser und keinerlei Dünger. Man achte in dieser Zeit verstärkt auf den Befall mit Spinnmilben, die unverzüglich bekämpft werden müssen.

September und Oktober

Zwar liegt der Winter noch in weiter Ferne, aber jetzt muß man die Kakteen durch reichliches Lüften abhärten. Ab Anfang September verabreicht man keinerlei Düngergaben mehr, und ab Ende September werden die Wassermengen drastisch eingeschränkt. Allerdings ist kräftiges Nebeln oder Überbrausen sehr erwünscht. Lediglich *Rhipsalis*-Arten und *Epiphyllum* werden konstant leicht feucht gehalten.

Das Ende der Wachstumsperiode ist gekommen, die Jahrestriebe müssen jetzt ausreifen. In Gewächshäusern, Frühbeeten und Fensterbänken heißt es, großzügig lüften. Falls die Sammlung im Freien steht, nutzt man die frostfreie Zeit möglichst lange aus, aber Vorsicht, die ersten Fröste kommen meist sehr überraschend. Rechtzeitig muß man daher für sonnige Überwinterungsmöglichkeiten sorgen. Kakteen, die aus dem Freien kommen, sind sorgfältig auf Asseln, Schnecken und anderes Ungeziefer zu untersuchen. Man topft nur noch in wirklichen Notfällen um. *Schlumbergera*-Hybriden hält man nun nahezu trocken, sie wollen hell und temperiert stehen.

Kultur und Pflege

November und Dezember

Kakteen befinden sich – von Ausnahmen abgesehen – in ihrer Ruhepause und werden bei kühlem, sonnigem Stand nahezu völlig trocken gehalten. Einige Arten schrumpfen etwas – ein völlig normaler Prozeß, der auch in der Trockenzeit am Heimatstandort zu beobachten ist. *Rhipsalis* und *Schlumbergera* werden nicht unter 12 °C und nur sehr leicht feucht gehalten und öfters mit kalkfreiem, temperiertem Wasser übersprüht. Andere Kakteen – *Melocactus, Discocactus, Uebelmannia, Buiningia, Mammillaria plumosa* usw. – fühlen sich bei 15 bis 20 °C und gelegentlichem Nebeln wohl. Grundsätzlich sollte man nur von unten anstauen.

In der lichtarmen Jahreszeit kann man mit Speziallampen zusätzlich belichten, so daß die Kakteen pro Tag etwa 12 Stunden lang Licht bekommen. Wenn unsere Kakteen in diesen Monaten auch wenig Pflege erfordern, so darf man doch niemals vergessen, daß man gelegentlich prüfen muß, ob sich Schädlinge eingenistet haben, ob das Substrat zu naß oder zu trocken ist. Befallene oder erkrankte Kakteen sind sofort auszusondern und sorgfältig zu behandeln. Bei extrem starkem Schädlingsbefall ist es oftmals besser, die Pflanze zu vernichten, bevor sie andere in Mitleidenschaft zieht.

Gewächshausbesitzer und Frühbeeteigner müssen vor allen Dingen darauf achten, daß einerseits regelmäßig gelüftet wird, wenn es die milde Witterung zuläßt, daß aber andererseits bei zu starker Sonneneinstrahlung die Temperatur in den oftmals relativ kleinen Räumlichkeiten nicht zu hoch ansteigen darf. Auch dürfen die Nachttemperaturen nicht zu weit absinken; man sollte für gute Isolierungen durch zusätzliche Luftpolsterfolien oder Styroporplatten sorgen. Bei allzu strengem Frost empfiehlt sich unter Umständen auch noch ein zusätzliches Heizgebläse. Weihnachtskakteen zum Beispiel setzen nur Knospen an, wenn sie kühl und nachts wenigstens zwölf Stunden lang dunkel stehen, und wenn sie ab Anfang September kaum noch gegossen wurden. Ihr Wurzelballen darf jedoch nicht völlig austrocknen.

Kakteenerde

Die richtige Mischung des idealen Kakteensubstrates wird oft als großes Geheimnis gehütet. Und dadurch entsteht eine ungeheure Unsicherheit bei vielen wenig erfahrenen Kakteensammlern, die der besonderen Erdzusammensetzung eine alles entscheidende Bedeutung beimessen. Da aber die Zusammensetzung der Kakteenerde nicht allein für das gute Gedeihen der Kakteen verantwortlich ist, sondern viele andere Faktoren die gleiche Gewichtung einnehmen, sollte man dieses Thema sehr sachlich angehen.

Kakteen sind am Wurzelhals oftmals nässeempfindlich. Man sollte deshalb oben im Kulturgefäß gröberes Substrat einfüllen, weil sich dort die Feuchtigkeit dann nicht so lange hält. Unten im Topf muß immer eine Dränageschicht sein.

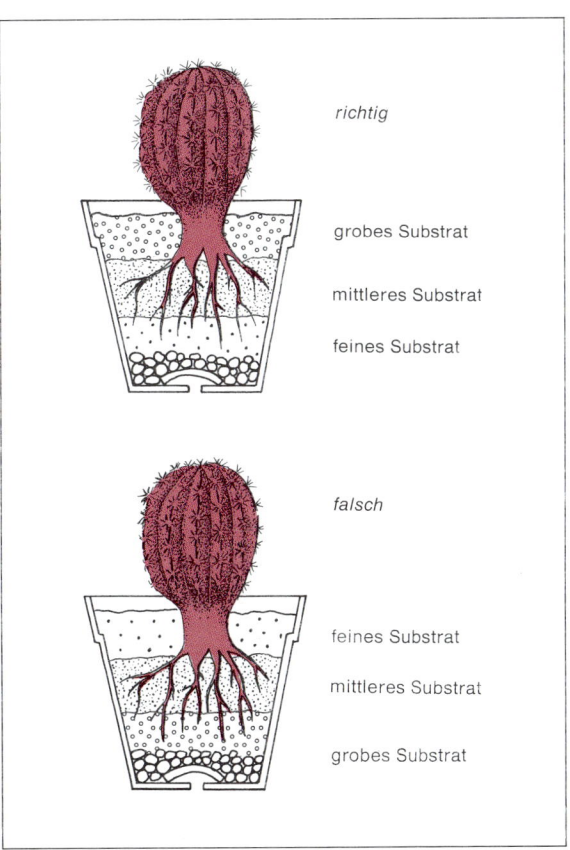

Kultur und Pflege

Grundsätzliche Anforderungen an das Substrat

Zunächst besteht eine gute Kakteenerde aus einer entsprechenden Substratmischung, in der sich die positiven Kriterien einzelner Substratbestandteile besonders günstig auf die gesamte Mischung auswirken. Zu den wesentlichen Voraussetzungen, die erfüllt sein müssen, gehören folgende Kriterien: die verwendete Erde muß locker sein, sie muß einen besonders hohen Gehalt an porösen Bestandteilen enthalten, und der pH-Wert hat zu stimmen. Man berücksichtige aber bitte, daß man hier nur Richtwerte angeben kann, denn sonst müßte man für jeden Kaktus und für jeden Standort eine besondere Mischung herstellen. Dies würde einen Aufwand bedeuten, der niemals lohnt, weil Kakteen und andere Sukkulenten auch eine gewisse Anpassungsfähigkeit besitzen. Der günstigste pH-Bereich für fast alle Arten bewegt sich zwischen 5,0 und 6,5.

Eigene Substratmischungen

Handelsübliche Kakteenerden verdienen oftmals nicht diese Bezeichnung, weil sie meist einen viel zu hohen Anteil an organischer Substanz aufweisen und kaum den Wünschen der Kakteen entsprechen. Jede handelsübliche Kakteenerde läßt sich hingegen ausgezeichnet zur Herstellung einer Substratmischung verwenden. Körniger Quarzsand und verwitterndes Urgestein, wie zum Beispiel Granit- und Lavagrus gehört ebenfalls in eine gute Substratmischung. Die meisten Kakteenerden enthalten auch einen relativ hohen Anteil von Bimskies, der nicht nur leicht und porös ist, sondern der auch viel Feuchtigkeit speichern kann. Auch Lehm in unterschiedlichsten Zusammensetzungen wird gerne in geringer Menge zugesetzt. Zur Auflockerung des Substrates kann auch Blähton, kleine gebrannte Tonkügelchen oder auch Blähtonbruch, verwendet werden. Der eigenen Phantasie sind nahezu keine Grenzen gesetzt, so daß man auch Ziegelgrus, Basaltsplitt und Perlite zusetzen kann. Feiner Holzkohlegrus sollte zur Gesunderhaltung der Substratmischung ebenfalls untergemischt werden.

Auch wenn man sich eingehend mit den Bodenbedingungen am Heimatstandort beschäftigt, läßt sich die „ideale" Substratmischung nur ungefähr erzielen. Die Zusammensetzung einer guten Erde, die sich für die meisten Kakteenarten eignet, muß für besonders schwierige Kakteen im Hinblick auf die besonderen Erfordernisse verändert werden. Es ist sicher verständlich, daß man die am Heimatstandort in nahezu rein mineralischer Erde wachsende Art *Ariocarpus retusus* nicht in das gleiche Substrat pflanzt wie eine *Echinopsis*-Hybride, die eine durchlässige humose Mischung bevorzugt.

> **Substratmischung**
>
> Folgende Mischung hat sich für die meisten der in unseren Sammlungen vertretenen Kakteen bewährt:
> - 10 l handelsübliche Kakteenerde (in trockenem Zustand nochmals aussieben!)
> - 1 l lehmige, ausgesiebte Gartenerde
> - 1 l grober Quarzsand
> - 1 l Granitgrus
> - 1 l Lavagrus, nicht staubfein (oder auch Blähton, große Kugeln sollten zerschlagen sein)
> - 1 l Bimskies

Zu dieser Mischung kann man noch einige Hände voll Perlite und/oder Basaltsplitt geben und – sehr wichtig – eine Handvoll Holzkohlegrus. Diese Beimischung kann natürlich durch einfache Erhöhung der Lava-, Granit- oder Bimsanteile mineralischer und durchlässiger werden, falls dies für besondere Arten erforderlich sein sollte.

Humusreiches Substrat für Epiphyten

Für epiphytisch wachsende Kakteen (*Epiphyllum*, *Rhipsalis*, *Aporocactus* und andere), die am heimatlichen Standort oft in Astgabeln und an der rauhen Rinde von Bäumen in nahezu reinem Humus gedeihen, sollte man verständlicherweise ein besonders humusreiches Substrat verwenden. Ich siebe deshalb handelsübliche Blu-

Kultur und Pflege

menerde aus und verwende lediglich die groben Rückstände in einer Mischung mit kleinen Rindenstückchen für jene epiphytischen Pflanzen. Das Substrat bleibt weitgehend luftdurchlässig, so, wie Epiphyten es am natürlichen Standort gewöhnt sind.

Töpfe, Schalen, Kübel

Keiner von uns läuft gerne in zu engen Schuhen herum. Nicht anders ergeht es unseren Kakteen, die man vielfach in winzige Töpfchen zwängt, weil dies gerade so „Mode" ist oder weil man irgendwo gelesen hat, man soll beim Umtopfen nur geringfügig größere Töpfe verwenden. All dies ist purer Unsinn! Man muß sich vor Augen halten, daß die meisten unserer Kakteen Flachwurzler sind, die im Laufe ihres Wachstums ihre Wurzeln dicht unter der Erdoberfläche voranschieben, um auch geringe Niederschläge aufnehmen zu können.

Das andere Extrem ist, daß wir Kakteen mit Rübenwurzeln in viel zu flache Töpfe oder Schalen setzen. Wir müssen uns deshalb zwangsläufig vor dem Umpflanzen vergegenwärtigen, was unsere Kakteen eigentlich verlangen, um welche Arten es sich handelt und welches Substrat sie verlangen.

Ton- oder Kunststofftopf?

Nach wie vor schwören viele Kakteenfreunde auf den guten, alten Tontopf. Andere wiederum finden sehr gute Argumente für die verbreiteten Kunststofftöpfe, die sich in der viereckigen Version als besonders platzsparend erweisen. Nun ist es natürlich unerheblich, ob man Kakteen in Minitöpfen aus Ton oder Kunststoff zwängt, – eine längere Überlebenschance haben sie in einer solchen Zwangsjacke nicht.

Aus Stabilitätsgründen sollte man nur bei größeren Kakteen Tontöpfe ab 20 cm Durchmesser verwenden; noch größere Exemplare (*Trichocereus, Opuntia* usw.) pflanzt man dann in Holz- oder Betonkübel. Für alle kleineren Kakteen sind die

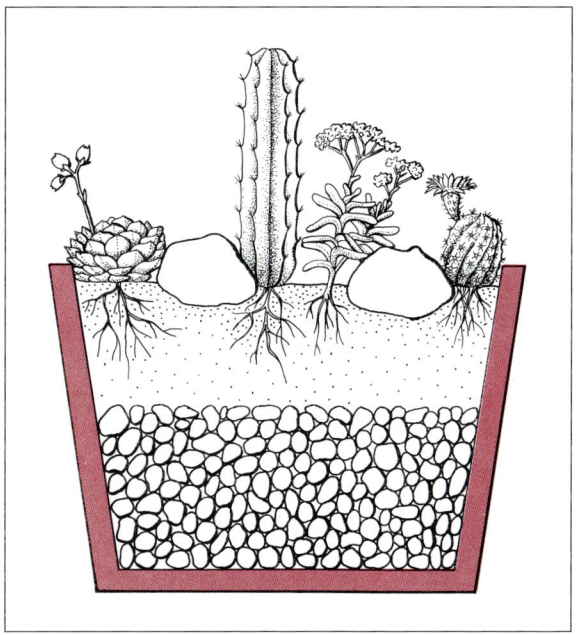

Auch **Kübel mit guter Dränage** eignen sich gut zur Bepflanzung mit Kakteen.

viereckigen Kunststofftöpfe sehr zu empfehlen, da man sie platzsparend in Schalen oder auf Spezialtischen zur Anstaubewässerung aufstellen kann. Darüber hinaus ist die Verdunstung bei Kunststofftöpfen erheblich niedriger als bei Tontöpfen. Sollte man jedoch unbedingt Tontöpfe verwenden wollen, so empfiehlt es sich, diese in Schalen oder Kästen einzufüttern, damit die durch die Tonwandung zwangsläufig höhere Verdunstung reduziert wird und sich ein besseres und vor allem störungsfreieres Wachstum entfalten kann.

Die richtige Topfgröße

Die Frage nach der richtigen Topfgröße wird immer noch diskutiert. Es ist zu empfehlen, beim Umtopfen einen Topf zu wählen, der ungefähr ein Drittel größer ist als der bisherige. Die Pflanzgefäße sollten möglichst so ausgewählt werden, daß die jeweilige Pflanze mindestens drei bis vier Jahre lang störungsfrei wachsen kann. Einen haselnußgroßen Kaktus in eine große Schale zu pflanzen, wäre wenig sinnvoll, es sei denn, man

Kultur und Pflege

richtet in einer solchen Schale eine kleine Kakteenlandschaft ein. Andererseits würde es einen enormen Aufwand bedeuten, wollte oder müßte man große Kübelpflanzen (*Opuntia, Trichocereus* usw.), die ein beträchtliches Gewicht und entsprechende Dimensionen erreichen, alle zwei Jahre umtopfen.

▸ Besonders wirkungsvoll: Kakteen, in Gruppen gepflanzt

Sofern ausreichend Platz zur Verfügung steht, kann man seine Kakteen gemeinsam in großen Kästen oder Schalen auspflanzen – vorausgesetzt, die Pflegebedingungen sind gleich. Vor allem Kakteen, die in Gewächshäusern frei ausgepflanzt wurden, entwickeln sich häufig wesentlich besser, weil sich das Wurzelsystem optimal ausbreiten kann.

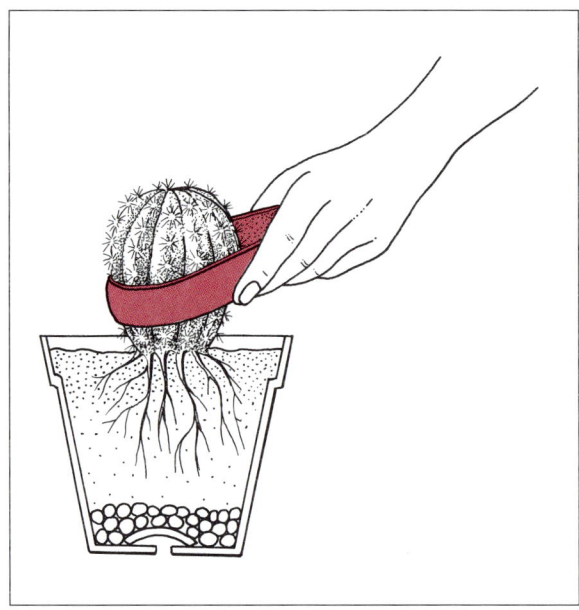

Mit einem zusammengefalteten **Papierstreifen,** auch mit einer Zeitung oder einem Lederriemen, lassen sich Kakteen leichter umsetzen.

Sinnvolles Umtopfen

Jedes Umtopfen bedeutet im Grunde einen erheblichen Eingriff in das Leben eines Kaktus. Man topft nicht einfach um, weil man dazu Lust hat oder weil man grundsätzlich nach zwei Jahren alle Kakteen umtopft, sondern man soll schon einen gewissen Sinn erkennen.

> Sinnvoll ist das Umtopfen dann, wenn
> – der Topf eindeutig zu klein geworden ist
> – die Pflanze nicht mehr richtig wächst oder nicht mehr blüht
> – sich die Pflanze verfärbt, was auf einen Wurzelschaden hindeutet
> – sich am Topfrand oder unter dem Topf Wurzelläuse bemerkbar machen
> – die Pflanze längere Zeit zu naß gestanden hat
> – das Substrat verkrustet oder mit Moos und Algen überwachsen ist

▸ Umtopfen ohne Verletzungsgefahr

Damit nun das Umtopfen von Kakteen nicht zu einem schmerzhaften Geschäft wird, sollte man einige Vorbereitungen treffen. Im Laufe der Jahre entwickelt jeder Kakteenfreund seine eigene, höchstpersönliche Methode. Große, besonders wehrhafte Kakteen umfaßt man mit einem alten Lederriemen, mit zusammengefalteten Zeitungen oder mit einem dicken Tau. Kleinere Kakteen kann man mit einem soliden Arbeitshandschuh anfassen. Andere Kakteenfreunde packen mit Mut und viel Geschick mit nackten Fingern zu oder verwenden dazu Grillzangen oder größere Pinzetten.

Vor dem Umtopfen legt man sich die notwendigen Dinge zurecht, damit man während des Umtopfens nicht mit einer ausgetopften Pflanze durch die Gegend wandert und Erdreste überall verstreut werden. Die erforderliche Substratmischung und saubere Töpfe stehen in Reichweite.

Kunststofftöpfe lassen sich etwas zusammendrücken, damit sich die Pflanze lockert. Tontöpfe stößt man mit dem oberen Rand nach unten vorsichtig auf eine Tischkante, bis sich der Wurzel-

Kultur und Pflege

ballen löst. Im Bedarfsfall lockert man den Ballen vorsichtig mit einer Gabel oder einem Holzstäbchen, um die alte, verbrauchte Erde zu entfernen. Ein offensichtlich gesunder Wurzelballen kann sofort in einen etwas größeren Topf gesetzt werden.

Auf Krankheits- und Schädlingsbefall achten

Abgestorbene oder auch faulige Wurzeln werden abgeschnitten. Im Rahmen dieser Aktion achte man unbedingt auf sichtbare Wurzelschädlinge wie Wurzelläuse oder Schädigungen durch Nematoden. Wurzelläuse müssen nach gründlichem Entfernen der alten Erde unter fließendem Wasser sorgfältig abgebürstet werden. Die Pflanzen bleiben dann erst einmal liegen, damit sie abtrocknen. Nach zehn Tagen bürstet man das Wurzelwerk nochmals unter fließendem Wasser gut ab und läßt wieder abtrocknen.

Einen Befall durch Nematoden erkennt man an den typischen knotenartigen Verdickungen an der Wurzel. Diese Stellen sind wegzuschneiden, bei einem starken Befall entfernt man unter Umständen sogar die ganze Wurzel. Ein derart geschädigter Kaktus ist wie ein Steckling zu behandeln. Die frischen Schnittstellen müssen mindestens eine Woche lang gut abtrocknen, bevor die Pflanze wieder in trockenes Substrat eingesetzt werden kann.

Kakteen wollen vorsichtig behandelt werden

Sinnvoll ist es, eine Tonscherbe, eine Schicht Scherben oder auch größere Steinchen über das oder die Abzugslöcher zu legen. Erstens fällt dann keine Erde durch, und zweitens erreichen wir dadurch eine gewisse Dränagefunktion. Während des Einfüllens des vorbereiteten, möglichst trockenen Substrates ist unbedingt darauf zu achten, daß keine Wurzeln geknickt oder gar eingerissen werden. Durch leichtes Aufstoßen des gefüllten Topfes und nochmaliges vorsichtiges Andrücken der oberen Erdschicht setzt sich das Substrat. Sehr große Kakteen (_Opuntia, Cereus, Trichocereus_ sowie alle Säulen) sollten in den ersten ein oder zwei Monaten nach dem Umpflanzen eine stabile Stütze erhalten, damit die Pflanze nicht umkippen kann, weil dadurch ernste Wurzelschäden entstehen können.

Gießen hat Zeit

Nach dem Umtopfen sollte man in jedem Falle mindestens eine Woche warten, bevor man mit dem Gießen beginnt, denn zu voreilig angegossene Kakteen können sehr rasch in Fäulnis übergehen, weil sich vielleicht doch an irgendeiner Wurzel ein kleiner Riß gebildet hat, der nicht ausreichend abgetrocknet ist. Viele Kakteensammler haben dadurch schon ihre schönsten Pflanzen verloren.

Die beste Zeit für Umpflanzaktionen liegt in den Ruheperioden der Kakteen, also in den Monaten März bis Mai. Andererseits können Kakteen – falls es erforderlich sein sollte – auch zu anderen Zeiten umgetopft werden, dann aber sollte man besonders sorgfältig darauf achten, daß keine Wurzelbeschädigungen entstehen.

> Die beste Gewähr für ein ungefährdetes Weiterwachsen bieten:
> – ein trockenes Substrat
> – mit dem Angießen mindestens eine Woche warten

Substrat- und Luftfeuchtigkeit

Beim Erwerb eines Kaktus stellt sich häufig die Frage: „Wie oft muß man gießen?" Die Frage läßt sich zwar speziell auf die betreffende Pflanze bezogen beantworten, aber jede Veränderung des Standortes, des Topfes, des Substrates usw. würde wieder zu einer anderen Antwort führen, wenn sie präzise sein soll. Deshalb dürfen alle hier gegebenen Hinweise lediglich als Richtlinien angesehen werden.

Man hört und liest immer wieder, daß Kakteen und auch alle anderen Sukkulenten die idealen Pflanzen für unsere Wohnungen mit besonders

83

Kultur und Pflege

trockener Luft seien. Das ist nur bedingt richtig. Vielmehr verhält es sich so, daß sich Kakteen im Gegensatz zu anderen Pflanzen besonders lange in der trockenen Luft zentralbeheizter Wohnungen halten.

▸ Sprühen – einmal morgens und einmal abends

Kakteen sind in Gebieten beheimatet, in denen es oftmals lange Zeit nicht regnet. Zudem herrscht dort zumindest tagsüber eine relativ große Lufttrockenheit.

Da die Nachttemperaturen in den Wüsten- und Trockengebieten von Süd- und Mittelamerika häufig stark absinken, baut sich in den Nachtstunden und am frühen Morgen eine relative Luftfeuchtigkeit auf, die Werte von 90 Prozent und mehr erreicht. Für die dortige Vegetation ist der regelmäßig auftretende Tau vielfach lebensnotwendig, zumal er sich auf der Pflanzenoberfläche und der Bedornung niederschlägt und von dort abtropft. Die relativ flach unter der Erdoberfläche verlaufenden Wurzeln nehmen diese Feuchtigkeit gierig auf.

Nur annähernd können wir diesen Tau in unseren Wohnungen nachahmen, indem wir morgens oder abends die Kakteen mit kalkfreiem Wasser (oder auch mit sauberem Regenwasser) fein besprühen. In den ersten Stunden des Tages muß dieser feine Niederschlag aber wieder abtrocknen können. Bei permanenter Nässe auf der Epidermis könnten sich rasch Pilzinfektionen ausbreiten. Abtrocknende Luftbewegungen, wie sie im Freien vorherrschen, lassen sich in der Wohnung leider nicht nachahmen.

In Gewächshäusern ist die Luft – je nach Standort und Konstruktion – erheblich feuchtigkeitsgesättigter, deshalb muß dort nicht so häufig gesprüht werden. Besonders ideal für Kakteen sind die Niederschläge in Form von Tau in weit geöffneten Frühbeeten, vor allem in den Frühjahrs-, Sommer- und Herbstmonaten.

Epiphytisch wachsende Kakteen wie zum Beispiel *Rhipsalis, Epiphyllum, Aporocactus,* die aus ihrer Heimat sehr hohe Luftfeuchtigkeit gewöhnt sind, sind besonders dankbar für intensives und vor allem häufiges Nebeln mit temperiertem, kalkfreiem Wasser. Kalkfrei sollte das Wasser deshalb sein, damit sich keine häßlichen Kalkflecken auf den Pflanzen bilden.

Temperaturen und Wasserversorgung im Winter

Im Winter hält man bei niedrigen Temperaturen (5 bis 10 °C) die meisten Kakteen völlig trocken und möglichst hell.

Lediglich Pflanzen folgender Gattungen werden bei Temperaturen über 10 °C leicht feucht gehalten:
Rhipsalis, Aporocactus, Selenicereus, Epiphyllum, Schlumbergera usw.

Ebenfalls bei dieser Temperatur überwintert man, aber nur mit äußerst schwacher Feuchtigkeit:
Mammillaria plumosa, Astrophytum asterias, einige *Ferocactus*- und *Echinocactus*-Arten, *Espostoa, Haageocereus* usw.

Noch wärmer – zwischen 15 und 20 °C – hält man bei geringen Wassergaben:
Melocactus, Buiningia, Uebelmannia, Discocactus, Pilosocereus, Mammillaria-Arten aus Niederkalifornien usw.

▸ Kakteen brauchen Wasser – allerdings wohl dosiert

Es ist keineswegs so, daß Kakteen völlig ohne Wasser auskommen, wie man immer wieder hört. Weil Kakteen und andere Sukkulenten in ihrem Gewebe große Wassermengen speichern können, überstehen sie längere Trockenzeiten meist ohne größeren Schaden. Sie teilen sich die benötigte Feuchtigkeit ökonomisch ein, und sie können in relativ kurzer Zeit ihren verbrauchten Wasservorrat wieder ergänzen, so zum Beispiel nach einem Regenschauer. Die optimalen Klimabedingungen am Heimatstandort werden wir niemals in vollem Umfang erreichen, aber man kann durch das Studium der Fachliteratur und anhand der überall erhältlichen Klimakarten die

dortigen Bedingungen in Erfahrung bringen und versuchen, möglichst nahe an sie heranzukommen.
Von Ausnahmen abgesehen läßt sich durchaus pauschal festlegen, daß man ab Anfang Mai in regelmäßigen Abständen seine Kakteen gießt, sofern sie in durchlässigem Substrat wachsen. Unbedingt muß dann die Erde wieder abtrocknen können, denn Kakteen sind keine Sumpfpflanzen und vertragen keine Staunässe. Auch sollte man bei kühler und nasser Witterung das Gießen entweder stark reduzieren oder sogar völlig unterlassen. Und im Zweifelsfall gilt: lieber einmal mehr auf das Gießen verzichten!

Äußerst sparsam gießen im Winter
Je nach Standort reduziert man Anfang bis Mitte September die Wassergaben und gießt dann ab Anfang Oktober überhaupt nicht mehr. Da die optimale Überwinterung ohnehin kühl (frostfrei) und möglichst hell erfolgen sollte, erhalten nur jene Kakteen geringe Wassermengen, die aus Platzgründen etwas wärmer überwintert werden.
Es ist im übrigen absolut normal, daß Kakteen und auch andere Sukkulenten in der winterlichen Ruhezeit etwas schrumpfen und von ihrer gespeicherten Feuchtigkeit zehren. Am Heimatstandort entspricht unsere winterliche Ruhezeit der dortigen Trockenzeit, in der die Kakteen ebenfalls mit Hilfe ihrer Feuchtigkeitsreserve überleben. Bei gesundem und aufnahmebereitem Wurzelsystem wird der Feuchtigkeitsverlust im Frühjahr wieder ergänzt, und die etwas geschrumpften Körper nehmen wieder „Haltung" an.
Wer im Steingarten winterharte Kakteen kultiviert, kümmert sich am besten nicht um zusätzliche Wassergaben; das Wetter nimmt ihm diese Sorge ab. Die Natur gibt diesen Pflanzen, was immer sie benötigen: viel frische Luft, Sonne und auch Feuchtigkeit.

Das richtige Maß beim Düngen
Kakteen und andere sukkulente Pflanzen ertragen zwar lange Trockenzeiten, wer sie aber völlig ohne Wasser und ohne zusätzliche Düngung kultiviert, wird an seinen Kakteen keine große Freude haben. Das Substrat in den oftmals viel zu kleinen Töpfen ist so rasch ausgelaugt, daß sich dieser Nahrungsmangel durch Wachstumsstillstand bemerkbar macht. Selbst regelmäßiges Umtopfen, alle zwei, drei oder vier Jahre, enthebt den Kakteenfreund nicht der Notwendigkeit, gelegentlich zu düngen. Dabei wäre es falsch, auf einmal eine Jahresration zu verabreichen, sondern es sollte laufend in der Wachstumszeit etwas Dünger in das Gießwasser gemischt werden.
Man weiß, daß an den Heimatstandorten der Kakteen die Bodenverwitterung durch die mitunter enormen Temperaturgegensätze besonders intensiv abläuft, und deshalb werden dort manche Nährstoffe sehr rasch aufgeschlossen und stehen den Pflanzen reichlich zur Verfügung.

Düngerformen
Für die Düngung von Kakteen sind sowohl flüssige als auch granulatartige Dünger in gleichem Maße geeignet. Flüssigdünger werden von Kakteenfreunden oft bevorzugt, weil die darin gelösten Nährstoffe mit dem Gießwasser zuverlässig an die Wurzeln gelangen und auch rasch aufgenommen werden, während granulatartige Dünger ihre Nährstoffe eher dosiert, also nach und nach abgeben. Es ist aber dringend empfohlen, die angegebenen Verdünnungen bzw. die Angaben in Gramm einzuhalten; lieber etwas weniger düngen, aber dafür regelmäßig!
Kranke oder auch frisch umgetopfte Kakteen dürfen nicht gedüngt werden, weil die Wurzeln nicht oder noch nicht in der Lage sind, Dünger aufzunehmen.

Düngehäufigkeit
Frühestens ab Mitte April, also zu Beginn der üblichen Wachstumszeit, düngt man die Pflanzen etwa alle drei bis vier Wochen. Aber vor

Kultur und Pflege

der ersten Düngergabe gießt man erst nur mit etwas temperiertem Wasser, damit sich die trockene Erde durchfeuchten kann. In der zweiten Augusthälfte düngt man letztmalig, damit die Pflanzen vor der Winterruhe ihr Wachstum rechtzeitig eingestellt haben und der Zuwachs noch ausreifen kann.

Rhipsalis, Epiphyllum, Aporocactus usw. stehen normalerweise im Winter etwas wärmer und können deshalb nochmals im September leicht gedüngt werden, falls der Standort sehr bzw. leicht sonnig ist. Man verhindert damit, daß der Zuwachs vergeilt.

Winterharte Kakteen und auch andere winterharte Sukkulenten düngt man am besten überhaupt nicht oder bestenfalls nur Ende Mai oder Anfang Juni. Bei diesen Pflanzen ist es besonders wichtig, daß sie vor der Winterruhe völlig ausgereift sind.

Die Zusammensetzung des Düngers

Dünger der unterschiedlichsten Zusammensetzungen erhält man in einschlägigen Fachgeschäften. Für Kakteen und für andere sukkulente Pflanzen sollte man einen besonders stickstoffarmen (N = Stickstoff) Dünger verwenden, der aber höhere Anteile an Phosphorsäure (P = Phosphor) und Kalium (K = Kalium) besitzen sollte (zum Beispiel eignet sich ein Nährstoffverhältnis NPK = 10 : 20 : 20).

Stickstoff fördert jegliches Pflanzenwachstum. Da aber Kakteen relativ langsam wachsen, wirken sich hohe Stickstoffmengen ungünstig auf das Gedeihen unserer Kakteen aus. Wesentlich wichtiger ist Phosphor, der besonders bei der Entwicklung von Knospen, Blüten und Früchten benötigt wird. Kaliumgaben bewirken nicht nur eine gewisse Widerstandsfähigkeit gegen Erkrankungen, sondern festigen zusätzlich auch noch das Zellgewebe, also das Gerüst der Kakteen.

Guano, ein bekannter organischer Dünger, hat sich bereits seit langem bei der Düngung von Kakteen bewährt und hier vor allem bei *Epiphyllum, Rhipsalis, Selenicereus, Aporocactus,* aber auch bei raschwüchsigen *Echinopsis*-Hybriden usw.

Kakteen brauchen Licht und Wärme

Die meisten Kakteenfreunde stehen vor dem gleichen Problem: Kakteen von den unterschiedlichsten Standorten erhalten auf einer relativ kleinen Fläche nahezu die gleichen Kulturbedingungen. Logischerweise muß man sich die berechtigte Frage stellen, ob dies ohne nennenswerte Verluste möglich ist! Das ist in der Tat durchaus möglich, wenn man nicht ausgerechnet besonders schwierige oder empfindliche Kakteen in seiner Sammlung pflegen möchte.

Kakteen sind sehr anpassungsfähig

Man hat durch langjährige Kulturerfahrungen festgestellt, daß Kakteen meist überaus anpassungsfähig sind, so daß Kakteen aus verschiedenen sehr unterschiedlichen Gattungen von klimatisch sehr unterschiedlichen Heimatstandorten unter nahezu einheitlichen Bedingungen gepflegt werden können. Dies bedeutet sicher kein einfaches Unterfangen, wenn man nur eine zentralbeheizte Fensterbank zur Verfügung hat. In der Tabelle wurde versucht, in übersichtlicher Form eine Einteilung der wichtigsten Gattungen nach ihren speziellen Bedürfnissen hinsichtlich Temperatur und Sonne zu schaffen. Zwar gibt es innerhalb einer Gattung immer wieder Arten, die hier deutlich in Richtung der einen oder anderen Seite abweichen; man kann aber hier nicht gezielt auf solche Ausnahmen eingehen. Die Übersicht soll lediglich als erste Hilfestellung dienen, damit man seine Kakteen ungefähr einordnen kann, wenn es um die erforderliche Temperatur bzw. um das notwendige Lichtangebot geht. Diese Aufstellung bietet außerdem die Möglichkeit zu prüfen, ob man nicht doch der einen oder anderen Pflanze einen besseren Standort bieten kann. Eventuell läßt sich auch das Sammelgebiet ändern bzw. nach den vorhandenen Möglichkeiten ausrichten.

Die Temperatur- und Lichtansprüche der Kakteen erklären sich durch die klimatischen Verhältnisse an ihren natürlichen Heimatstand-

Kultur und Pflege

Temperatur- und Lichtbedarf für Kakteen			
Gattungen	Temperatur und Licht in der Vegetationszeit	Temperatur und Licht in der Ruhezeit	Standort
Buiningia, Discocactus, Echinocactus, Espostoa, Ferocactus, Melocactus, Pilosocereus, Uebelmannia usw.	sehr warm und vollsonnig	temperierte Überwinterung, nicht unter 15 °C, sehr sonnig, *Ferocactus* auch kühler	warmes Gewächshaus, beheizte zugfreie Fensterbank, *Ferocactus* auch im Frühbeet
Ariocarpus, Astrophytum, Copiapoa, Coryphantha, Turbinicarpus, Thelocactus, weiße Mammillarien usw.	sehr warm und vollsonnig	gut temperierte Überwinterung nicht unter 10 °C, sehr sonnig, tropische *Opuntia*-Arten wärmer halten	warmes Gewächshaus, beheizbares, gut gelüftetes Frühbeet, warme zugfreie Fensterbank
Echinocereus, Echinopsis, Lobivia, Opuntia, Rebutia usw.	sehr warm und vollsonnig, starke nächtliche Abkühlung, Luftbewegung	2 bis 8 °C, sehr sonnig	Gewächshaus, Frühbeet, Fensterbank, Ende April bis September im Freien
Echinopsis, Mammillaria, Neobesseya, Opuntia, Oroya, Sulcorebutia, Trichocereus usw.	warm und vollsonnig, starke nächtliche Abkühlung, Luftbewegung	4 bis 10 °C, sehr sonnig	Gewächshaus, Frühbeet, Fensterbank, Mai bis September mit Regenschutz im Freien
Cleistocactus, Echinofossulocactus, Frailea, Gymnocalycium, Neoporteria, Notocactus, Parodia usw.	warm und sehr sonnig, gute Lüftung, starke nächtliche Abkühlung, Luftbewegung	5 bis 10 °C, sehr sonnig, häufig und ausgiebig lüften	Gewächshaus, Frühbeet, Fensterbank, Mai bis September mit Regenschutz im Freien
Aporocactus, Epiphyllum, Hylocereus, Rhipsalis, Selenicereus usw.	halbschattig, temperiert, möglichst nicht über 35 °C	sehr helle, auch sonnige, temperierte Überwinterung, nicht unter 10 °C	halbschattiges temperiertes Gewächshaus, Zimmervitrine, Blumenfenster, Mai bis September im Freien

orten. Erhebliche Temperaturschwankungen zwischen Tag und Nacht sowie im jahreszeitlichen Rhythmus zwischen Sommer und Winter kennzeichnen die meisten Standorte. Nun haben wir aber erfahren, daß Kakteen (wie andere sukkulenten Pflanzen auch) bis zu einem gewissen Grad sehr anpassungsfähig sind und sich den Möglichkeiten unseres Klimas weitgehend anpassen.

Die meisten Kakteenarten wachsen vom zeitigen Frühjahr bis in den Herbst hinein und ruhen in den lichtarmen Wintermonaten an einem möglichst hellen Standort.

Für Luftbewegung sorgen

Vor allem in der Wachstumszeit brauchen Kakteen Wärme, schätzen aber andererseits eine

Kultur und Pflege

starke nächtliche Abkühlung mit entsprechender Luftbewegung. Nicht nur an Fensterbänken, sondern auch in Gewächshäusern und in Frühbeeten ist häufiges und vor allem ausgiebiges Lüften zum Wohlbefinden der Pflanzen notwendig. Gleichzeitig werden dadurch die Kakteen abgehärtet und etwas widerstandsfähiger gegen Erkrankungen. Stehende oder stauende Hitze in geschlossenen Frühbeeten oder in zu kleinen Gewächshäusern und bei Pflanzen, die zu dicht hinter Glas stehen, kann für viele Pflanzen – auch für Kakteen – tödlich sein. Zumindest können erhebliche Verbrennungen entstehen.

▰ Kakteen wollen hell überwintern

Zu dunkel und zu warm überwinterte Kakteen kommen gar nicht erst zur Ruhe, sie treiben weiter. Wir alle kennen diese dünnen, kümmerlichen, hellgrünen, vergeilten Triebe, die nicht nur unschön aussehen, sondern auch nicht typisch für eine gesunde, artgerecht kultivierte Pflanze sind. Nur sehr selten gelingt es – nach jahrelangen Bemühungen –, derartig vergeilten Kakteen wieder ein vernünftiges Aussehen zu geben. Meist wirft man jene vergeilten Pflanzen auf den Kompost, weil sie zum einen doch nicht blühen und zum anderen sehr anfällig für Krankheiten werden.

Ein Standort im Freien mit Sonne, Regen, Tau, Wind und hohen Temperaturschwankungen während der Wachstumszeit fördern die Bildung eines gesunden und widerstandsfähigen Gewebes – von wenigen Ausnahmen abgesehen. Mit den kontinuierlich sinkenden Temperaturen und den kürzer werdenden Tagen stellen die meisten Kakteen in den Herbstmonaten von selbst nach und nach ihr Wachstum ein. Diese Kakteen überwintern wir grundsätzlich sehr hell – möglichst sonnig – und trocken bei Temperaturen zwischen 5 und 10 °C. Genauere, auf Gattungen bezogene Angaben enthält die Tabelle.

Wärmeliebende Gattungen wie *Selenicereus, Hylocereus, Disco-* und *Melocactus, Uebelmannia, Buiningia,* einige Arten von *Epiphyllum* usw. sollten nicht unter 15 °C, sondern eher etwas wärmer überwintert werden.

Völlig problemlos zu kultivieren sind die winterharten Kakteen, sofern Standort und Dränage ihren Ansprüchen gerecht werden (siehe Seite 74 ff.). Im Schwarzwald und auf der Schwäbischen Alb vertragen einige Arten bei harter Haltung bis zu −30 °C.

Die Vermehrung der Kakteen

Wir unterscheiden zunächst zwei Vermehrungsarten: die vegetative und die generative. Vegetativ vermehrt man Pflanzen durch Ableger, durch Teilung und durch Stecklinge. Bei diesen Vermehrungsmethoden besitzen die gewonnenen Jungpflanzen exakt die gleichen genetisch festgelegten Eigenschaften wie die Mutterpflanze. Bei der generativen Vermehrung durch Aussaat entstehen Nachkommen mit einer neuen Zusammensetzung der Erbinformationen.

Besonders schwierige oder gar äußerst seltene Kakteen lassen sich durch bewußte Pfropfung auf robuste, wüchsige Unterlagen nicht nur erhalten, sondern auch sinnvoll vermehren. Will man bestimmte Pflanzen erhalten, die der Mutterpflanze im Erbgut vollständig gleichen sollen, so führt allein die Stecklings- oder Sprossenvermehrung sowie die Teilung zum Erfolg. Sicher ist dies nicht in allen Fällen möglich; man sollte aber bei seltenen Arten immer den Weg des geringsten Risikos beschreiten.

Für die meisten Kakteenfreunde ist die generative Vermehrung – die Aussaat – nicht nur eine interessante, sondern auch eine empfehlenswerte Methode, zumal viele seltene Kakteenarten nur noch in Form von Samen erhältlich sind. Darüber hinaus ist die Aussaat bei Kakteen keineswegs schwierig. Außerdem kann sich der Kakteensammler aus den erzielten Sämlingen besonders schöne und charakteristische Pflanzen aussuchen und sich daran orientieren, welche Pflanzen besonders schön blühen oder eine wirklich bizarre Bedornung aufweisen. So sind im Laufe der Jahre bereits attraktive Sammlungen entstanden. Und man darf auch nicht unterschätzen, was es bedeutet, die Reaktion bestimmter Pflanzen auf gewisse Pflegemaßnahmen zu beobachten. Solche „Versuche" fallen ohne Frage leichter, wenn man eine gewisse Anzahl von gleichen Pflanzen zur Verfügung hat. Nur so lernt man die Kakteenpflege nahezu hautnah und wird zwangsläufig zum „Experten". Wer sich eingehend über die verschiedenen Vermehrungsmöglichkeiten informieren möchte, um die sicherste Methode auswählen zu können, dem sei das Gespräch mit einem erfahrenen Kakteensammler empfohlen.

Vegetative Vermehrung
Seitensprosse, basale Sprosse, Teilung, Stecklingsbewurzelung, Kopfstecklinge, Pfropfung auf starkwüchsige Unterlagen

Generative Vermehrung
Aussaat

Die Aussaat

Mißerfolge bei der Aussaat von Kakteen oder anderen sukkulenten Pflanzen gibt es nur, wenn man gewisse Fehler begangen hat. Die Aussaat ist mit Sicherheit der günstigste und zugleich der interessanteste Weg, um im Laufe der Jahre mit ein wenig Geduld eine sehenswerte Sammlung aufzubauen.

Der beste Zeitpunkt

Die Frühjahrsmonate – bis etwa Anfang Juni – sind zweifellos die beste Zeit zum Aussäen, da die Sämlinge in den Sommer hineinwachsen können und bis zum nächsten Winter schon eine gewisse Größe erreicht haben, so daß sie diese kritische Jahreszeit problemloser überstehen. Sehr unterschiedlich ist die jeweilige Keimdauer des Saatgutes. Eine große Rolle spielen hier die Temperatur, das Alter des Samens, die Lichtmenge, die Feuchtigkeit und selbstverständlich auch die Art. Kakteen zählen zu den Lichtkeimern; deshalb muß die Aussaatschale sehr hell, aber nicht in praller Sonne stehen. Dunkel aufgestellte Saatschalen zeigen kaum Erfolge.

Frisches Saatgut keimt – von Ausnahmen abgesehen – besonders zuverlässig. Beispielsweise keimt *Astrophytum*-Saatgut innerhalb von drei bis vier Tagen zuverlässig, während Samen von *Opuntia* und *Tephrocactus* oft einige Monate benötigen und nur unregelmäßig keimen.

Die Keimtemperatur

Die ideale Keimtemperatur ist von Art zu Art verschieden; sie liegt im Bereich zwischen 20 und

Die Vermehrung der Kakteen

28 °C. Ein Überhitzen der Aussaatschalen sollte man stets vermeiden, sie dürfen auch nicht in praller Sonne stehen. Eine nächtliche Absenkung der Temperatur bis auf 18 °C ist kaum problematisch, mit Ausnahme von Arten, die aus den Tropen stammen. Temperaturschwankungen sind an den Heimatstandorten der Kakteen innerhalb einer gewissen Bandbreite durchaus normal.

> **Beste Aussaatzeiten**
> Von Anfang März bis Anfang Juni

Kakteensamen werden in zunehmendem Maße für die botanische Systematik herangezogen. Was vor nahezu 70 Jahren unter Britton und Rose begann, das heißt das Festlegen der Unterscheidungsmerkmale, wird heute im Zeitalter der Rasterelektronenmikroskopie fortgesetzt. Heute führt die gattungs- und arttypische Vielfalt in Form und Größe der Samen zu klaren Erkennungsmerkmalen.

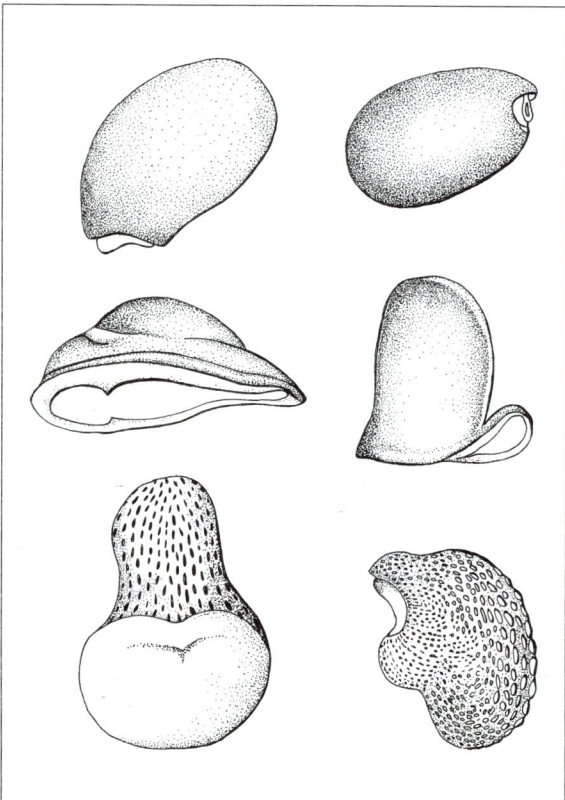

Man benötigt zunächst das entsprechende Saatgut der gewünschten Kakteen, eine oder mehrere Saatschalen, Aussaatsubstrat, ein Thermometer, eventuell eine Heizplatte oder ein Heizkabel, eine oder mehrere klare, saubere Kunststoffbeutel und einige dünne Gummiringe zum Zubinden.

▶ Das Saatgut

Wichtig ist, daß an den Samenkörnern keinerlei Reste von Fruchtfleisch haften dürfen, damit es während des Keimens nicht zu unerwünschten Verpilzungen kommen kann. Im Fachhandel erworbenes Saatgut ist normalerweise so sauber, daß es nicht von Fruchtfleischresten gereinigt werden muß und kann deshalb meist ohne Beizung verwendet werden. Sicherer ist jedoch eine Trocken- oder eine Naßbeizung (siehe unten), die unter anderem auch gegen Pilzbefall gut absichert. Innerhalb weniger Stunden können von einer Pilzinfektion sämtliche Sämlinge in einer Saatschale befallen sein und in sich zusammenfallen. Geeignete Beizmittel bietet der Fachhandel an. Ich selbst konnte ohne Beizung aber bereits hundertprozentige Keimergebnisse registrieren, wobei aber auf peinliche Sauberkeit geachtet wurde.

▶ Aussaatsubstrat und Aussaatgefäße

Das Substrat für die Aussaat sollte im Backofen bei völlig trockenem Zustand etwa 60 Minuten lang auf 80 bis 90 °C erhitzt werden, um sowohl tierische als auch pilzliche Schädlinge abzutöten. Anschließend läßt man die Erde für zwei bis drei Wochen an sauberer Stelle ruhen. Werden mineralische Substrate verwendet, erübrigt sich die Sterilisation, die im übrigen erhebliche Geruchsbelästigungen mit sich bringt.
Ein gutes, durchlässiges Substratgemisch für eine erfolgreiche Aussaat besteht je zur Hälfte aus handelsüblicher Kakteenerde und groberen Zusätzen mit Bims-, Granit- und/oder Lavagrus (Durchmesser 1 bis 2 mm). Dieser Mischung füge man noch einen Teelöffel zerriebene Holzkohle pro Liter Substrat bei.

Die Vermehrung der Kakteen

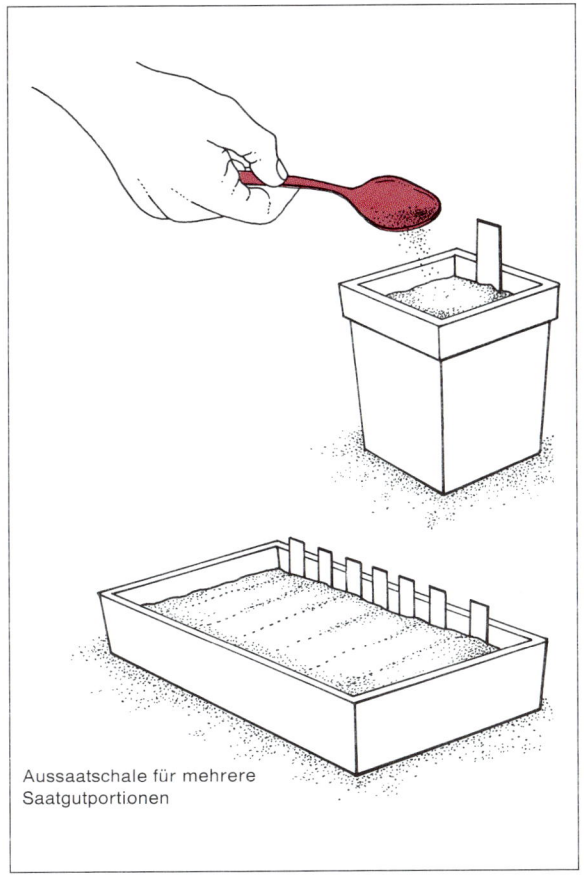

Aussaatschale für mehrere Saatgutportionen

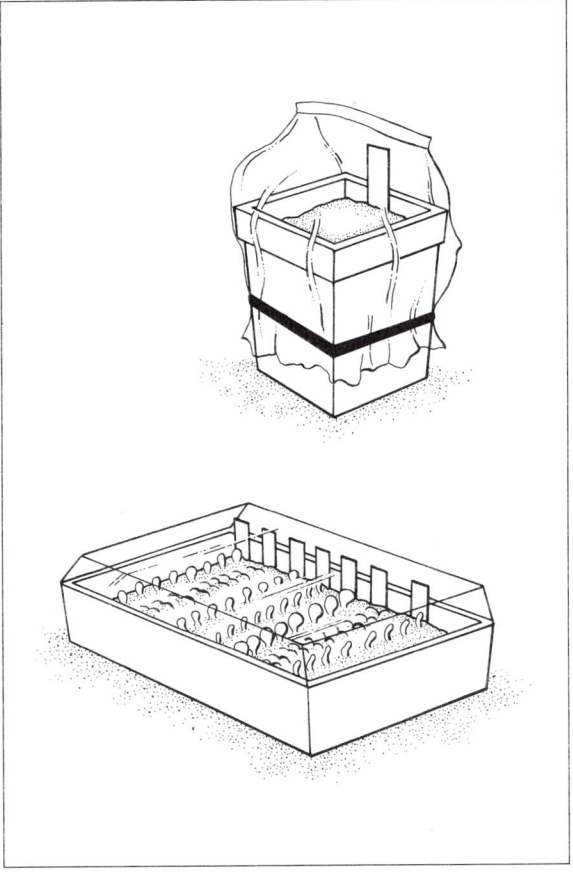

Die Aussaat bei Kakteen.
Oben: Mit einem sauberen Löffel streut man das Saatgut vorsichtig und gleichmäßig auf das Substrat und drückt es leicht an. Die Aussaat wird nicht mit Erde bedeckt, denn Kakteen sind Lichtkeimer!
Unten: Verschiedene Kakteenarten kann man in Reihen in Aussaatschalen säen, oder man verwendet separate Töpfe. Sorgfältig beschriften.

Die weitere Behandlung der Aussaat.
Oben: Die frische Aussaat wird von unten kräftig angestaut und mit einem Klarsichtbeutel verschlossen. Man hält das Aussaatgefäß bei etwa 20 bis 28 °C und sehr hell.
Unten: Die Aussaatschale wird ebenfalls gut verschlossen. Nach der Keimung sollte man häufig für kurze Zeit lüften.

Flache Schalen aus Ton oder Kunststoff, kleine Kunststofftöpfe oder auch Styroporschalen können verwendet werden. Alle verwendeten Schalen oder Töpfe müssen peinlich sauber sein.

▸ Das Aussäen

Nach dem Einfüllen des trockenen Substrates wird das ebenfalls trockene Saatgut locker und nicht zu dicht auf das Substrat gestreut und anschließend leicht angedrückt. Den Samen darf man keinesfalls mit Erde bedecken, denn Kakteen sind – wie oben erwähnt – Lichtkeimer, das heißt, Licht fördert den Keimvorgang bedeutend.

Nach dem Säen stellt man die Saatschale in temperiertes Wasser, damit sich das Substrat von unten langsam vollsaugen kann und der oft sehr feine Samen nicht weggeschwemmt wird. Von

Die Vermehrung der Kakteen

nun an muß das Substrat konstant feucht bleiben, denn wenn der Keimvorgang durch Trockenheit unterbrochen wird, kann das empfindliche Saatgut unbrauchbar werden. Man verwende grundsätzlich sauberes Regenwasser oder abgekochtes Leitungswasser zum Anstauen.

Weitere Pflege

Saatschale oder Töpfe stellt man in einen klaren Kunststoffbeutel, der oben sorgfältig verschlossen wird. Zum einen bleibt so die für die Keimung notwendige Feuchtigkeit im Beutel, und zum anderen kann die für die Sämlinge so gefährliche Trauermücke nicht mehr eindringen.
Gegen einen möglichen Pilzbefall der Aussaat kann man vorbeugend alle zwei bis vier Wochen entweder anstauen oder sprühen mit folgender Mischung:
Auf einen Liter etwa 30 °C warmes Wasser gibt man 1 g Chinosol und eventuell 1 g Benomyl und löst das Ganze durch Umrühren gut auf.
Chinosol wird seit langem verwendet, um pilzliche Erreger zu bekämpfen. Benomyl hat sich bei der Vernichtung schädlicher Bodenpilze bewährt, ohne bei empfindlichen Kakteenarten keimhemmend zu wirken.
Wenn der Beutel geöffnet wird, achte man aber unbedingt darauf, daß sich keine der etwa 2 mm großen, schwarzen Trauermücken in den Beutel verirrt. Die Larve dieses Insekts kann innerhalb kurzer Zeit eine komplette Aussaat vernichten.
Nach dem Auflaufen gewöhne man die Sämlinge nach und nach an frische Luft, indem man den Beutel immer wieder öffnet. Man muß aber stets darauf achten, daß keine Trauermücken eindringen.

Pikieren

Man pikiert nach etwa drei bis fünf Monaten, wenn die Sämlinge etwa Erbsengröße erreicht haben oder wenn die Erde zu stark vermoost oder mit Algen verkrustet sein sollte. Verwenden Sie dann größere Töpfe oder Schalen und etwas mineralischeres Substrat. Die Wurzel der jungen Sämlinge kürzt man auf halbe Länge und pikiert in trockenes Substrat. Nach dem Pikieren wartet man ungefähr eine Woche, bis man wiederum von unten anstaut, sonst können die zarten Sämlinge in Fäulnis übergehen.

Die Stecklingsvermehrung

Die Vermehrung durch Stecklinge ist aus mehreren Gründen sinnvoll. Zum einen gewinnt man relativ rasch große Pflanzen und zum anderen bleiben die genetischen Eigenschaften wie ganz bestimmte Farben von Dornen und Blüten erhalten. Sehr wichtig ist das bei Typpflanzen, nach denen neue Arten beschrieben wurden. Man erhielt zwar bei den Arten auch durch Aussaat gleichgestaltete Nachkommen, aber eben doch nur innerhalb einer gewissen Bandbreite. Zudem ist die Vermehrung durch Stecklinge, Seitensprosse oder basale Ableger die einfachste und sicherste Vermehrungsmethode.

Stecklingsgewinnung

Die beste Zeit zur Gewinnung von Stecklingen sind die Frühjahrs- und Sommermonate. Die milden Temperaturen sorgen in dieser Zeit für eine problemlose Bewurzelung. Hohe Säulen (wie beispielsweise *Trichocereus*), die aus Platzgründen in den Herbst- oder Wintermonaten gekürzt werden müssen, weil sie nach einem guten Wachstumsjahr nicht mehr in die Wohnung oder ins Gewächshaus passen, können bedenkenlos abgeschnitten werden. Man sollte aber das abgetrennte Kopfstück mindestens 50 cm lang lassen und mit der Schnittstelle nach unten an einem hellen, leicht temperierten Ort aufbewahren. Wenn man dieses Kopfstück dann im späten Frühjahr in trockenes Substrat einpflanzt (mit Stütze!), haben sich bereits erste kleine Wurzeln gebildet, die beim Einpflanzen aber nicht abbrechen dürfen.
Grundsätzlich wählt man ausgereifte Triebe, zumal diese wesentlich leichter bewurzeln. Auch sollte man nur kräftige Seitensprosse mit ersten Ansätzen zur Wurzelbildung abnehmen. Die Schnittstelle von säuligen Kopfstecklingen sollte

Die Vermehrung der Kakteen

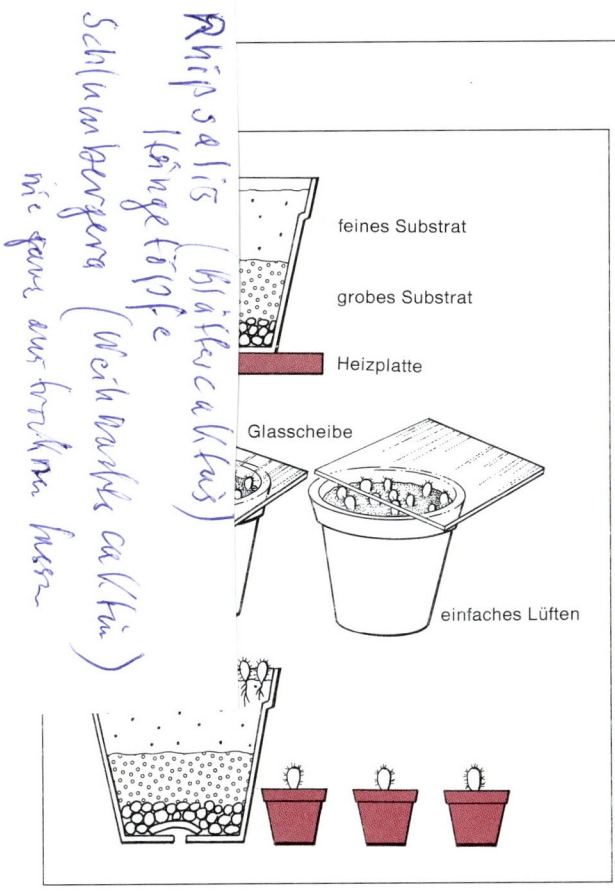

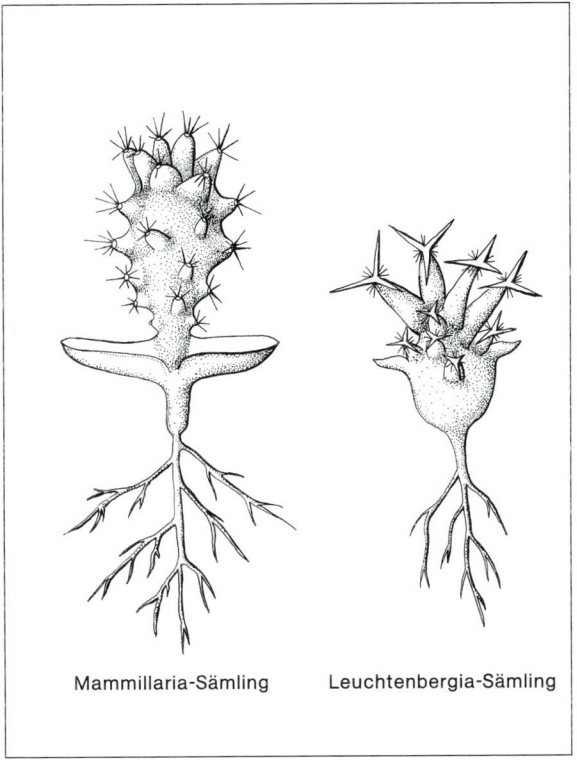

Mammillaria-Sämling   Leuchtenbergia-Sämling

Die Aussaat kleiner Mengen auf der Fensterbank. Oben: Das Aussaatgefäß wird im unteren Bereich mit grobem, im oberen Bereich mit feinerem Substrat gefüllt. Eine Heizplatte leistet gute Dienste. Mitte: Nach dem Keimen wird ab und zu gelüftet, die Erde hält man leicht feucht. Unten: Nach drei bis vier Monaten pikiert man in große Töpfe oder flache Schalen. Größere Sämlinge können bereits in kleine Einzeltöpfe gesetzt werden.

Oben rechts: **Kakteensämlinge.** Deutlich sind die Keimblätter zu erkennen.

Vegetative Vermehrung von Kakteen. Oben links: Kopfstücke von Säulenkakteen (hier *Trichocereus*) werden an der Schnittstelle leicht angekantet, damit die Wurzelbildung zentral erfolgt. Oben rechts: Nach der ersten Wurzelbildung setzt man den Steckling in das Substrat und gibt ihm anfangs eine Stütze, damit die zarten Wurzeln nicht abreißen. Unten links: Blattstecklinge von *Echeveria* oder *Graptopetalum* bilden leicht Wurzeln, wenn sie flach gesteckt werden. Unten rechts: Sprosse von *Lobivia, Echinopsis, Sulcorebutia* und anderen können bereits an der Mutterpflanze Wurzeln bilden und wachsen deshalb besonders leicht an.

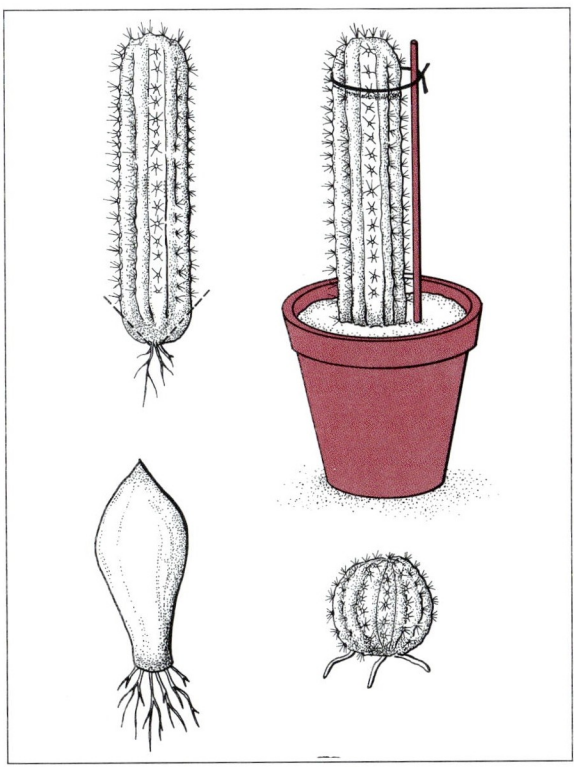

Die Vermehrung der Kakteen

leicht konisch zugeschnitten werden, damit sie schneller bewurzeln.

◣ Die Bewurzelung

Normalerweise trocknen Kopfstecklinge an einem luftigen, hellen und trockenen Ort gut ab. Um aber sicher zu sein, daß vollsaftige Stecklinge nicht doch in Fäulnis übergehen, taucht man frische Schnittstellen in Holzkohlepulver. In einigen Fällen wird eine raschere Bewurzelung erreicht, wenn man die Schnittstelle in pulvriges Bewurzelungshormon (erhältlich im Fachhandel) taucht.

Die Stecklinge stellt man zum Abtrocknen in völlig saubere, leere, luftig aufgestellte Tontöpfe an einen temperierten, hellen Ort. Wichtig: die Schnittstellen dürfen nicht direkt am Boden der Töpfe aufliegen. Bereits nach wenigen Wochen zeigen sich die ersten Wurzeln. Üblicherweise pflanzt man Stecklinge nach drei bis vier Wochen Abtrocknungszeit in trockenes Substrat. Seitensprosse mit Wurzelansätzen und ohne größere Wunden kann man sofort pflanzen. Nach etwa einer Woche staut man erstmals von unten an, damit sich vorher entstandene eventuelle Wurzelverletzungen oder kleinere Risse an der Schnittstelle wieder schließen können. Höhere Kopfstecklinge setzt man 2 bis 3 cm tief. In den ersten Monaten erhalten sie eine stabile Stütze, die man bis zur vollständigen Bewurzelung beläßt.

Die Teilung

Gruppenbildende Kakteen, wie sie bei vielen Arten von *Mammillaria, Rebutia, Lobivia* usw. vorkommt, können wir ausgezeichnet durch Teilung vermehren. Man trennt die Gruppen zunächst nach sinnvollen und nach optischen Gründen vorsichtig an den sich bietenden Stellen. Man schneidet möglichst an den dünnsten Stellen (zum Beispiel zwischen Segmenten). Verletzungen des Pflanzengewebes sollte man, soweit es irgend geht, vermeiden; sollten Reiß- oder Schnittverletzungen unvermeidlich sein, so pudert man diese Stellen (auch an der Mutterpflanze!) mit Holzkohlepuder gut ab und läßt die Pflanzen zunächst ein bis zwei Wochen lang abtrocknen, bevor man sie wieder in trockenes Substrat eintopft. Zu lange Wurzeln kürzt man um etwa ein Drittel ein. Nach etwa einwöchiger Wartezeit staut man zunächst von unten an.

Die Kunst des Pfropfens

Vor allem Anfänger bewundern das Pfropfen immer wieder, weil es etwas Besonderes zu sein scheint. Das ist es nun wirklich nicht, weder Kunst noch Hexenwerk, obwohl man immer wieder über den Sinn bzw. den Unsinn des Pfropfens streitet. Wir wollen uns aber hier nicht an diesem Streit beteiligen, sondern eindeutig feststellen, daß trotz begründeter Gegnerschaft je nach Lage der Dinge mehr Gründe für als gegen das Pfropfen sprechen. Pfropfen ist aber absoluter Unsinn, wenn man nicht ein bestimmtes Ziel damit anstrebt.

> Wirklich sinnvoll ist Pfropfen, wenn man
> - ausgesprochen schwach bzw. langsam wachsende Kakteen schneller und sicherer zum Wachstum bringen will
> - besonders seltene Arten erhalten und auch vermehren möchte
> - interessante Cristate auf hohen Unterlagen zu dekorativen und besonders attraktiven Gebilden heranziehen möchte
> - chlorophyllose Kakteen auf chlorophyllführende Unterlagen pfropfen muß, um sie zu erhalten
> - aus züchterischen Gründen kleine Sämlinge rasch und sicher blühreif bringen muß
> - wurzelkranke Kakteen retten muß, bis die Möglichkeit zur eigenen Wurzelbildung wieder gegeben ist

Es ist eine Tatsache, daß besonders starkwüchsige Unterlagen einen Pfröpfling im Habitus erheblich verändern können, so daß diese mitunter nicht mehr viel mit den wurzelechten Pflanzen der gleichen Art gemeinsam haben. Ein erbsengroßer Sämling einer *Mammillaria bocasana* oder einer *Parodia mairanana*, gepfropft auf *Selenicereus grandiflorus*, kann innerhalb zwei bis drei Jahren durchaus die Größe einer Faust erreichen.

Geeignete Pfropfunterlagen

Bewurzelte Seitensprosse von *Echinopsis*-Hybriden, die in den meisten Sammlungen reich vertreten sind, eignen sich ausgezeichnet für Tiefpfropfungen, die den Vorteil haben, daß man sie nicht oder zumindest kaum sieht. Allerdings sprossen diese Unterlagen meistens reichlich, und einige Pfleger entfernen deshalb sicherheitshalber nach dem Pfropfen alle Areolen.

Hochpfropfungen. Hierfür eignet sich eine ganze Reihe von hervorragenden Unterlagen. Besonders bewährt haben sich: *Eriocereus jusbertii, Eriocereus bonplandii, Trichocereus pachanoi, Trichocereus macrogonus, Trichocereus bridgesii, Trichocereus candicans, Trichocereus spachianus, Trichocereus fulvilanus, Cereus peruvianus, Cereus jamacaru* und andere.

Sämlingspfropfung. Die oben genannten Unterlagen für Hochpfropfungen lassen sich auch vorzüglich als Jungpflanzen für die Sämlingspfropfung verwenden. Darüber hinaus eignen sich als Unterlagen für Sämlinge: *Hylocereus trigonus, Hylocereus undatus, Hylocereus guatemalensis, Pereskiopsis velutina, Pereskiopsis gatesii, Selenicereus grandiflorus, Selenicereus pteranthus* und andere.

Winterharte Kakteen. Man pfropft sie bei Bedarf gerne auf *Opuntia erinacea* var. *utahensis*, *Opuntia phaeacantha* var. *camanchica* oder bei zylindrischen Trieben auf *Opuntia fragilis* oder andere besonders harte Arten. Man sollte vor allem solche Arten bevorzugen, die auch einen kurzzeitigen Nässestau in der Winterzeit schadlos überstehen.

Cristate. Als Unterlagen für eine Cristaten-Schausammlung wählt man *Trichocereus* oder *Cereus* mit mindestens 1 m Höhe, auf denen sich die Cristatformen so richtig entfalten können. Diese Säulen sollten allerdings in Kübeln stehen oder in einem Gewächshaus frei ausgepflanzt sein. Selbstverständlich kann man Cristate auch auf niedrigere Unterlagen pfropfen, wenn es keine Schausammlung sein soll.

Die Kunst des Pfropfens

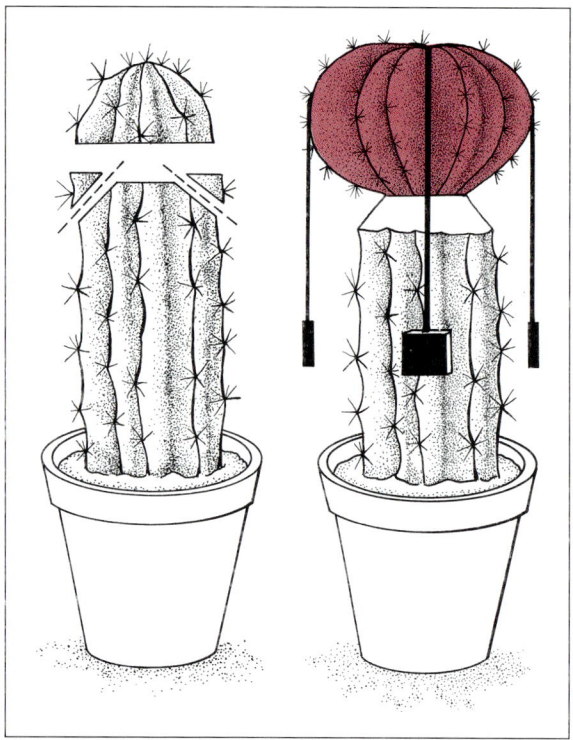

Flachpfropfung. Links: Das Kopfstück der Unterlage schneidet man mit sehr scharfer Klinge waagerecht ab, die Kanten werden abgeschrägt. Rechts: Den frisch geschnittenen Pfröpfling setzt man so auf, daß sich die Leitbündel überschneiden. Man beschwert entweder mit Gewichten oder preßt mit Gummiringen an.

Spalt- und Schlitzpfropfungen. Flache Triebe, zum Beispiel jene von *Schlumbergera truncata*, eignen sich ausgezeichnet zur Spalt- oder Schlitzpfropfung. Als Unterlagen für eine Spaltpfropfung bieten *Pereskiopsis velutina* und *Pereskiopsis gatesii* sowie *Eriocereus jusbertii* und *Eriocereus bonplandii* beste Voraussetzungen. Und für eine Schlitzpfropfung verwendet man *Opuntia tomentosa*, *Opuntia orbiculata*, *Opuntia basilaris* und andere. Auch *Opuntia bergeriana* und *Opuntia ficus-indica* wurden schon für haltbare Pfropfungen eingesetzt.

Allgemein gilt, daß die Unterlage gut bewurzelt und im Trieb sein muß, wenn die Pfropfung gelingen sollte.

Flachpfropfung – die übliche Pfropftechnik

Bevor man mit der eigentlichen Pfropfarbeit beginnt, legt man sich zunächst alle notwendigen Utensilien bereit, denn der Arbeitsablauf darf beim Pfropfen nicht unterbrochen werden.

Die Materialien

Wir benötigen ein sehr scharfes Messer, eine Rasierklinge, etwas reinen denaturierten Alkohol, Gummiringe ... usw. Nach den ersten erfolglosen Pfropfungen werden wir rasch erkennen, welche Materialien uns die Arbeit erleichtern, so daß sich der Erfolg entsprechend sicher einstellen wird.

Unter der Voraussetzung, daß man die notwendigen im Trieb befindlichen Unterlagen besitzt, fällt die beste Zeit zum Pfropfen in den Zeitraum zwischen Anfang April und Mitte August. Sofern die Voraussetzungen stimmen, kann man selbstverständlich das ganze Jahr über pfropfen.

Die Unterlage sollte einen etwas größeren Durchmesser haben als der Pfröpfling, den man aufpfropfen möchte. Beide Teile sollten gut „im Saft" stehen.

Das Verfahren

Ungefähr 2 bis 3 cm unter der Triebspitze schneidet man mit einem ziehenden Schnitt die Unterlage waagerecht ab. – Das Gewebe darf noch nicht verhärtet sein. Wichtig ist, daß das Messer nicht nur extrem sauber, sondern auch sehr scharf sein muß, denn das noch junge, empfindliche Gewebe darf bei diesen Schnittarbeiten nicht gequetscht werden. Die Kanten der Unterlage werden von der Mitte nach außen leicht angeschrägt.

Anschließend schneidet man den für die Pfropfung vorgesehenen Pfröpfling ebenfalls waagerecht durch und schrägt ihn – falls erforderlich – wie die Unterlage leicht ab, damit sich der Anpreßdruck auf der zur Verfügung stehenden Fläche verstärkt. Aber nur Pfröpflinge größerer Exemplare werden wie beschrieben angeschrägt. Die beiden Schnittflächen dürfen keinesfalls

Die Kunst des Pfropfens

abtrocknen oder gar verschmutzen, man muß deshalb sehr zügig arbeiten. Nach jedem Schnitt reinigt man das Messer mit einem sauberen, alkoholgetränkten Tuch.

Der Pfröpfling wird unmittelbar, nachdem von der Unterlage nochmals ein dünnes Scheibchen mit einem Messer abgeschnitten wurde, so auf die Unterlage gesetzt, daß sich die Leitbündel möglichst genau überschneiden. Durch leichtes Drehen und Schieben auf der Unterlage werden eventuelle Luftblasen zwischen den beiden Schnittflächen herausgedrückt.

In dieser Position wird der Pfröpfling nun fixiert. Man spannt zwei dünne Gummiringe kreuzweise nacheinander von oben über den Pfröpfling und zieht sie unter dem Topf durch, um für den notwendigen Druck zu sorgen, ohne den Sämling zu quetschen. Auch kann man vier kleine Gewichte (zum Beispiel Schrauben) an zwei Bindfäden befestigen, die man dann kreuzweise über den Pfröpfling hängt.

Die frische Pfropfung stellt man warm und hell, aber nicht in die pralle Sonne. Auch sollte man nicht nebeln oder sprühen, dafür aber das Substrat der Unterlage feucht halten.

Nach etwa zwei Wochen können die Gummiringe oder die Beschwerungen vorsichtig entfernt werden. Der Pfröpfling wird innerhalb von drei bis vier Wochen durch frisches Wachstum beweisen, ob die Pfropfung gelungen ist.

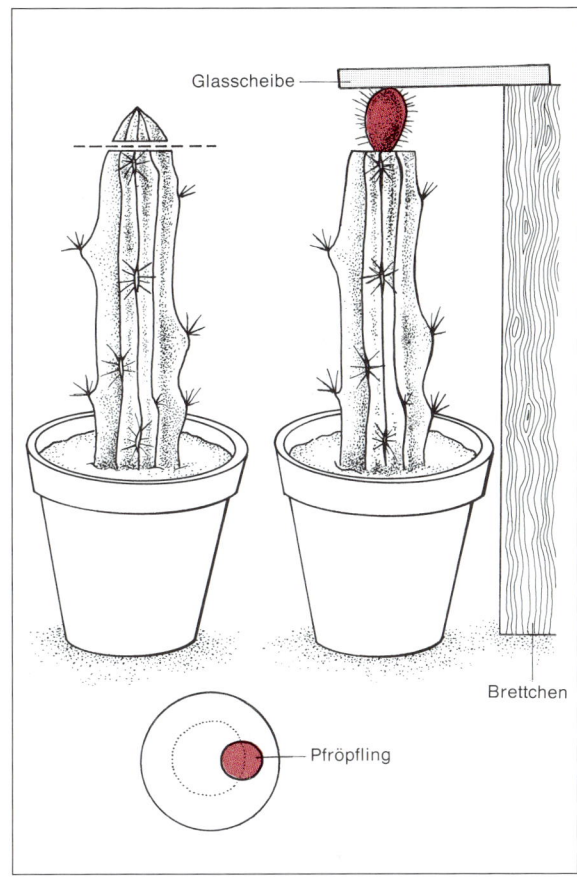

Die Sämlingspfropfung ist besonders einfach.
Links: Man pfropft auf eine säulige Unterlage. Die Spitze wird abgeschnitten und der frisch geschnittene Pfröpfling so aufgesetzt, daß sich die Leitbündel kreuzen. Rechts: Beschweren mit einer Glasscheibe.

Die Sämlingspfropfung

Sämlinge werden sehr häufig gepfropft, weil man auf diese Weise in wenigen Jahren eine sehr beachtliche Kakteensammlung aus seltenen oder auch recht schwierig zu kultivierenden Pflanzen aufbauen kann.

Das Verfahren

Man verwendet dafür 3 bis 10 mm große Sämlinge, die sich leicht auf wüchsige Unterlagen pfropfen lassen. Dazu schneidet man mit einer neuen Rasierklinge vorsichtig mit einem ziehenden Schnitt das untere Drittel des Sämlings ab. Man bedenke dabei, daß Sämlinge noch sehr weich sind und leicht zerdrückt werden.

Das abgetrennte Oberteil setzt man nun auf die (wie oben beschrieben) vorbereitete Unterlage. Der Pfröpfling wird so aus dem Mittelpunkt verschoben, daß sich die deutlich sichtbaren Leitbündel auch sicher überschneiden. Bei sehr kleinen Sämlingen erübrigt sich oft eine Befestigung oder Beschwerung, weil der klebrige Pflanzensaft beide Teile zusammenhält. Sicherer ist ein leichter Druck von oben mit Hilfe einer Klammer oder einer entsprechenden Vorrichtung.

Die Kunst des Pfropfens

Anplattpfropfung auf einer säulenförmigen Unterlage wie zum Beispiel *Trichocereus* oder *Eriocereus*. Als Pfröpflinge eignen sich *Wilcoxia* oder *Aporocactus*. Die Befestigung geschieht mit einem breiten Gummiband.

Pfropfmöglichkeit auf einem Opuntia-Blatt. Als Pfröpfling kommen *Wilcoxia* oder *Aporocactus* in Frage. Die Befestigung erfolgt mit einem sauberen, langen Kakteendorn.

Zur Sämlingspfropfung sollte man die frühen Morgenstunden nutzen. Zunächst schützt man die frische Pfropfung vor starker Sonneneinstrahlung. Auch sollten die Schnittflächen nicht übersprüht werden.

Die Anplattpfropfung

Eine weitere Pfropfvariante ist das seitliche Anplatten, das besonders bei dünntriebigen Kakteen wie beispielsweise *Wilcoxia (Echinocereus) poselgeri* und *Aporocactus* praktiziert wird. Aber auch für überhängende Kakteen (wie *Hildewintera aureispina*) eignet sich diese Pfropfungsmethode.

Das Verfahren

Unterlage und Pfröpfling werden in einem Winkel von 45 Grad geschnitten. Man setzt dann den Pfröpfling so auf die Unterlage, daß sich die Leitungsbahnen möglichst oft überdecken. Zur Fixierung der Pfropfung verwendet man kräftige Dornen, die nicht mehr entfernt werden müssen, sondern mit der Pflanze verwachsen. Man kann allerdings eine zusätzliche Fixierung mit Hilfe von Klammern erreichen oder die Pfropfung mit Bast umwickeln, bis sie endgültig verwachsen ist.

Als Unterlagen eignen sich besonders *Trichocereus, Cereus, Selenicereus, Opuntia* und andere.

Die Spaltpfropfung

Besonders für *Schlumbergera* und ähnliche Arten eignet sich diese Methode. Besonders geeignet zur Spaltpfropfung sind die Unterlagen von *Pereskiopsis* und *Selenicereus*.

Das Verfahren

Nach dem waagerechten Kappen der frischen Triebspitze schneidet man in die Unterlage von

Die Kunst des Pfropfens

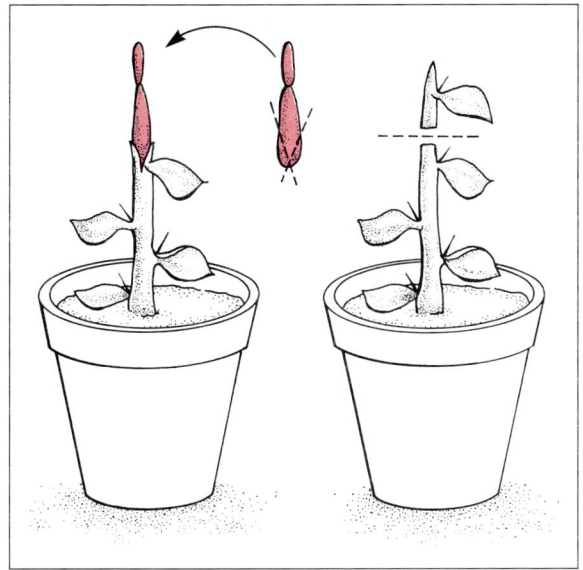

Spaltpfropfung. Links: Als Unterlage eignet sich besonders *Pereskiopsis velutina*. Man schneidet den Pfröpfling vorsichtig schräg an. Rechts: Pfröpflinge und Unterlage werden mit einem Kakteendorn fixiert.

Für **Schlitzpfropfungen** verwendet man Opuntia-Unterlagen. Als Pfröpfling eignen sich alle *Schlumbergera*-Hybriden.

oben nach unten einen etwa 1 cm tiefen, schmalen, keilförmigen Spalt. Der Keil wird noch nicht herausgenommen, damit der Schnitt nicht antrocknet. Anschließend wird ein frisches Segment von *Schlumbergera* mit einer scharfen Rasierklinge beidseitig angeplattet und nach dem Entfernen des Keiles aus der Unterlage in den verbleibenden Spalt eingepaßt.

Auch bei dieser Pfropfung ist wichtig, daß sich die freigelegten Leitbündel sicher berühren müssen, wenn die Pfropfung gelingen soll. Die Pfropfung wird nun mit einem sauberen Kakteendorn fixiert oder mit einer Wäscheklammer so zusammengepreßt, daß der Pfröpfling nicht herausrutscht.

Die Schlitzpfropfung

Eine recht seltene, aber nicht minder erfolgreiche Methode ist die Schlitzpfropfung, die sich ebenfalls für *Schlumbergera* und ähnliche Arten gut eignet.

Das Verfahren

Man schneidet in Nähe der Triebspitze seitlich von oben nach unten einen tiefen Schlitz in die Unterlage, der diese aber nicht durchtrennen darf. Auch hier nimmt man ein Segment von *Schlumbergera,* das mit einer scharfen Rasierklinge beidseitig angeplattet wird und dann so tief in den Schlitz gesteckt wird, daß sich die Leitbündel berühren müssen. Sicherheitshalber sollte auch diese Pfropfung mit einem Dorn fixiert werden.

Bis die Pfropfung angewachsen ist, muß man sie vor direktem Sonnenlicht etwas schützen und trocken halten, das Substrat jedoch ist feucht zu halten.

Krankheiten und Schädlinge an Kakteen

„Vorbeugen ist besser als Heilen!" Kakteen und andere Sukkulenten rechtzeitig und ausreichend abhärten, stellt die beste vorbeugende Schädlingsbekämpfung dar. Ein Kaktus ist dann gesund, wenn sich die Funktionen seines Körpers auf alle Einwirkungen der Umwelt einstellen können. Wird diese Balance gestört und das Regulierungsvermögen auf Dauer überfordert, bietet die Pflanze gewisse Angriffsmöglichkeiten für tierische und pflanzliche Schädlinge.

Die meisten Kakteen sind im Grunde überaus robust und überdauern schadlos längere Trockenperioden, dennoch können sie von verschiedenen Schädlingen und Krankheiten befallen werden, vorwiegend natürlich in schlecht kultivierten Sammlungen. Aber auch in wirklich gut gepflegten Sammlungen lassen sich Krankheiten und Schädlinge niemals völlig ausschließen. Oft kämpft man lange vergeblich gegen tierische Schädlinge an, weil man im Zuge eines sensibleren Umweltbewußtseins die chemische Keule vermeiden möchte.

Durch übertriebene Düngung verweichlichte, mastig gewordene Pflanzen sind ebenso gefährdet wie bereits schwächliche oder kränkelnde Kakteen. Andererseits widerstehen Kakteen meist erfolgreich tierischen oder pflanzlichen Erkrankungen, wenn sie in viel frischer Luft an einem sonnigen Standort mit abhärtenden, großen Temperaturunterschieden zwischen Tag und Nacht sowie zwischen Sommer und Winter kultiviert werden. Besonders gute Voraussetzungen bieten gut gelüftete Frühbeete und Gewächshäuser.

Unsere Kakteensammlungen werden meist als Monokulturen betrieben, die zwangsläufig anfälliger gegen Krankheiten und Schädlinge sind als die Bestände am Heimatstandort. Es ist deshalb überaus wichtig, regelmäßig die eigene Sammlung auf Wachstumsstockungen, Veränderungen oder Verfärbungen zu prüfen.

Bei begründetem Verdacht auf eine Erkrankung sollten die betreffenden Pflanzen zunächst isoliert und sorgfältig untersucht werden. Dazu gehört, daß man verdächtige Pflanzen austopft, um den Zustand der Wurzel in Augenschein nehmen zu können. Und sollte sich ein Verdacht bestätigen, zum Beispiel ein Befall mit Schild-, Woll- oder Wurzelläusen, empfiehlt es sich, auch die unmittelbaren Nachbarpflanzen mitzubehandeln.

Neu erworbene Kakteen bringen mitunter zunächst verborgene Schädlinge in die Sammlung. Man halte deshalb die neuen Pflanzen für mindestens vier bis sechs Wochen von den anderen getrennt, bis man sich sicher sein kann, daß weder tierische Schädlinge noch Krankheiten oder lästiges Unkraut eingeschleppt wurden.

Sollte man dennoch mit Insektiziden oder auch Fungiziden arbeiten müssen, so empfiehlt sich im Zeichen des glücklicherweise gestiegenen Umweltbewußtseins darauf zu achten, daß die Produkte ausgesprochen umweltverträglich sind. Diese Präparate müssen unbedingt kühl und dunkel gelagert werden. Vor Kindern sollten sie sicher verwahrt sein. Sehr sorgfältig sind die auf den Packungen und Gebrauchsanweisungen angegebenen Verdünnungen einzuhalten, damit Pflanzenschädigungen weitgehend ausgeschlossen sind. Einatmen eventueller Sprühnebel sowie den direkten Hautkontakt sollte man vermeiden.

Erst wenn man sich über die Art der Erkrankung oder des Schädlings im klaren ist, sollte man mit den notwendigen Maßnahmen beginnen. Unbegründete vorbeugende Maßnahmen oder Testversuche können in einer nachhaltigen Schädigung der Pflanze, zu einer Störung im Substrat und zu einer gewissen Resistenzbildung bei den Schädlingen führen.

Tierische Schädlinge

Woll- und Schmierläuse

Sie zählen zu den häufigsten Schädlingen! Mehlig-weiße Wachsausscheidungen schützen die etwa 2 bis 3 mm langen Wolläuse, die oft regungslos auf der Pflanze in Scheitelnähe, an Neutrieben, unter Seitensprossen und an schwer

Krankheiten und Schädlinge an Kakteen

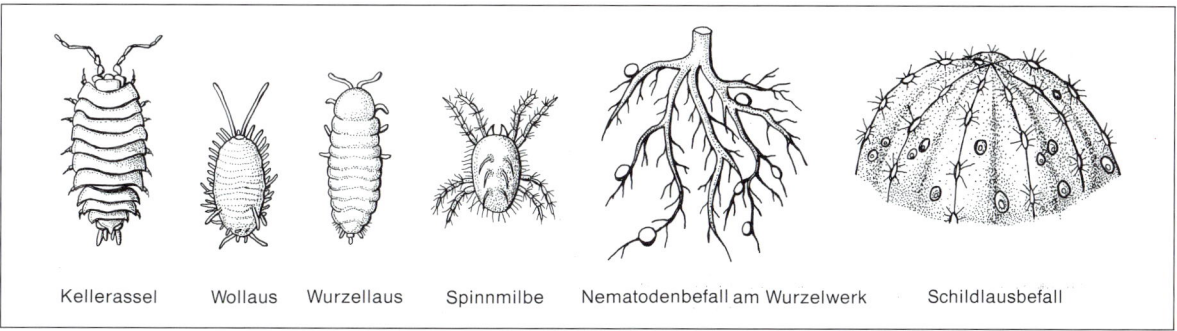

Kellerassel   Wollaus   Wurzellaus   Spinnmilbe   Nematodenbefall am Wurzelwerk   Schildlausbefall

Die häufigsten tierischen Schädlinge an unseren Kakteen.

zugänglichen Stellen sitzen oder sich sehr langsam, aber durchaus sichtbar bewegen.
Obwohl Wolläuse gewisse Präferenzen für einige Pflanzen haben, können sie alle Kakteen und auch die anderen Sukkulenten befallen. Sie schädigen die Pflanzen durch ihre kontinuierliche Saugtätigkeit im Bereich von überwiegend zarten Zellpartien. Wolläuse legen ihre Eier in kleinen weißen, durch Wachsfäden geschützten Kokons ab. Mitunter hat man den Wollausbefall noch gar nicht entdeckt, wundert sich aber über klebrige Absonderungen unter der Pflanze, die bei Ameisen besonders beliebt sind. Auf diesen Honigtau-Absonderungen können sich später Schwärzepilze (Rußpilze) ansiedeln, so daß Kakteen aussehen wie mit Holzkohlestaub überpudert.

Bekämpfung: Mit im Fachhandel erhältlichen Insektiziden ist eine erfolgreiche Bekämpfung möglich. Damit die Spritzbrühe die Wachsausscheidungen der Wolläuse durchdringt, sollte man ein handelsübliches Spühlmittel (auf 10 l etwa 5 ml) zusetzen. Mit dieser Brühe sind sämtliche Pflanzenteile gut zu benetzen. Nach zehn Tagen ist die Spritzung zu wiederholen, damit auch nachträglich geschlüpfte Jungtiere erfaßt und vernichtet werden. Man achte unbedingt auf die Umweltverträglichkeit aller Insektizide.
Ich bevorzuge bei robusteren Kakteen (*Opuntia, Ferocactus, Echinocactus, Echinopsis* usw.) die „Wasserstrahl-Methode". Mit einem harten Wasserstrahl werden in etwa zehntägigem Abstand sämtliche erreichbaren Wolläuse abgespritzt. Die dabei ausgetopfte Pflanze kann nach dem Abtrocknen wieder in frisches Substrat eingetopft werden. Zwar bietet diese Methode ebenfalls keine hundertprozentige Sicherheit, aber sie kann jederzeit wiederholt werden und ist zudem besonders umweltfreundlich.

▶ Wurzelläuse

An den Wurzeln findet man 1 bis 2 mm lange, schimmelartige, weißlich-wollige, mehlige Tiere in einer ebenso mehligen Umgebung. Die befallenen Pflanzen stellen zunächst ihr Wachstum ein, welken, vergilben und sterben bei starkem Befall sogar ab. Beim Austopfen erkennt man diese kreidigweißen, sich äußerst langsam bewegenden Tiere sofort an den Wurzeln, an den Topfinnenseiten und auch unter den Töpfen. Es handelt sich um einen besonders gefährlichen Schädling, der oftmals erst dann erkannt wird, wenn es für eine sinnvolle Behandlung bereits zu spät ist, das heißt, die befallenen Pflanzen sind schon zu sehr geschwächt, um sich wieder erholen zu können.
Wurzelläuse bevorzugen trockene Substrate, deshalb vermehren sie sich besonders rasch in der Ruhezeit der Kakteen, also in den Wintermonaten.

Bekämpfung: Besonders bei einem Wurzellausbefall sei die umweltfreundlichste Methode empfohlen: Pflanze austopfen, sämtliche Erde entfernen, Wurzel gründlich mit einem scharfen Wasserstrahl abspritzen, trocknen lassen und nach etwa vierzehn Tagen die Prozedur wiederholen. Die Töpfe werden gründlich gereinigt, die

Erde vernichtet! Nach sorgfältigem Abtrocknen kann nach dem zweiten Abspritzen wieder in frisches Substrat eingetopft werden.

Die Behandlung mit umweltverträglichen Insektiziden hat meist nur einen sehr begrenzten und kurzzeitigen Erfolg. Größere Sammlungen, die befallen sind, werden mit im Fachhandel erhältlichen, geeigneten Präparaten gegossen, wobei man im Abstand von vierzehn Tagen gießen sollte. Müssen Insektizide regelmäßig verwendet werden, so sollte das Präparat gelegentlich gewechselt werden, um Resistenzerscheinungen vorzubeugen. Gleiches gilt auch für Mittel gegen andere Schädlinge. Die Bodentemperatur sollte zwischen 15 und 20 °C liegen. Der Erfolg ist strittig, weil sich immer wieder Pflanzen herauskristallisieren, die einige Insektizide nicht vertragen und deshalb doch eingehen. So gesehen, bietet die erstere Methode – zumindest für kleinere Sammlungen – die besten Erfolgsaussichten.

Schildläuse

Durch ihr Deckelschild sind diese überaus hartnäckigen Schädlinge vor der Einwirkung diverser Insektizide weitgehend geschützt. Während Schildläuse im Jugendstadium noch frei beweglich sind, sitzen die Alttiere unter ihrem Rückenschild zusammen mit vielen Hundert Eiern und sind nur sehr schwer zu bekämpfen. Bevorzugt befallen Schildläuse *Opuntia, Echinopsis, Epiphyllum, Notocactus* usw.

Bekämpfung: Alle systemisch wirkenden Insektizide sind geeignet, soweit sie umweltverträglich sind. Darüber hinaus läßt sich ein starker Befall durch das Abspritzen mit einem scharfen Wasserstrahl beträchtlich reduzieren, jedoch niemals völlig vernichten. Beachtliche Erfolge wurden mit sogenannten Blattglanz- und mit Paraffinöl-Präparaten erzielt, weil unter dem feinen Ölfilm die Schildläuse ersticken. Bei nur wenigen befallenen Pflanzen kann man mit einem Hölzchen, einem spitzen Messer oder auch einer alten Zahnbürste die Schilder dieses Schädlings entfernen. Anschließend betupft oder besprüht man diese Stellen mit einer Spiritus-Seifen-Lösung.

Spinnmilben

Dieser Schädling wird meist als „Rote Spinne" bezeichnet, obwohl es sich zoologisch gesehen um eine Milbe handelt. Oft wird der Befall erst dann erkannt, wenn die saugende Milbe das Blattgrün weitgehend zerstört und sich das äußere Gewebe der Pflanze in Scheitelnähe fleckig verfärbt hat. Mit einer Lupe lassen sich die rötlichen, etwa 0,3 mm langen, sich deutlich bewegenden Milben gut beobachten. Sie sollten keineswegs mit der sehr nützlichen, „echten" roten Spinne verwechselt werden, die sich in den Sommermonaten auf heißen Mauern, Steinen, Hauswänden und Fensterbänken sehr rasch bewegt und knapp 1 mm lang ist.

Die meist sehr trockene Luft in den Wintermonaten fördert die rasche Verbreitung der Spinnmilbe, aber auch in der übrigen Jahreszeit ist eine Sammlung vor plötzlichem Spinnmilbenbefall nicht sicher. Besonders gerne werden weichfleischige Kakteen heimgesucht: zum Beispiel *Chamaecereus, Aporocactus, Mammillaria*.

Bekämpfung: Sobald die ersten Anzeichen erkennbar sind, werden befallene Pflanzen von gesunden getrennt, wobei unbedingt auch die Nachbarpflanzen kontrolliert werden müssen. Die Luftfeuchtigkeit sollte deutlich erhöht werden. Auch sollte man häufiger lüften. Mit systemisch wirkenden Insektiziden kann – zumindest in Gewächshäusern – im Abstand von zehn bis zwölf Tagen gespritzt werden. Allerdings wirken die heutigen umweltverträglichen Präparate nicht in dem Maße, wie es allgemein gewünscht wird, so daß zusätzliche Maßnahmen unerläßlich sind, um einen mittelfristigen Erfolg zu erreichen. Begleitend hat sich die Verwendung von Blattglanz- und Paraffinöl-Präparaten (in entsprechender Verdünnung, bitte unbedingt einhalten!) bewährt.

Für sehr kleine Sammlungen sei eine besonders umweltfreundliche Methode erwähnt, die recht gute Erfolge bringt: Man gießt die befallene Pflanze durchdringend und stellt sie in eine durchsichtige Plastiktüte, die dann oben dicht zugebunden und an einen sehr hellen, temperierten Ort gestellt wird. In der sich entwickelnden

Krankheiten und Schädlinge an Kakteen

extrem hohen Luftfeuchtigkeit gehen die Spinnmilben meist innerhalb von zwei bis drei Wochen ein. Nur in geschlossenen Gewächshäusern ist die Bekämpfung mit Raubmilben möglich, die man im einschlägigen Fachhandel bestellen kann.

Verhindern läßt sich der Spinnmilbenbefall nie! Außer den genannten Gattungen werden aber vor allem kränkliche, hungernde, verweichlichte, zu trocken und zu warm stehende Pflanzen befallen und dies überwiegend in den Wintermonaten.

Nematoden

Bei Verwendung von humosen Substraten treten in Kakteensammlungen häufig Nematoden, auch Wurzelälchen genannt, auf, die sich epidemieartig verbreiten können. Befallene Kakteen stellen ihr Wachstum ein, kränkeln und kümmern. Nicht selten gehen sie ein, weil die geschädigten Wurzeln nicht mehr genügend Nährstoffe aufnehmen. Topft man die befallenen Pflanzen aus, so zeigen sie an den Wurzeln knotige, gallenartige Anschwellungen, die Erbsengröße oder mehr erreichen können. Innerhalb weniger Monate sterben die Wurzelteile unterhalb der gallenartigen Verdickungen nach und nach ab. Eine vollständige Kakteensammlung kann durch eine einzige Pflanze auf Grund der frei durch das Substrat wandernden, etwa 0,5 mm langen, fadenförmigen und farblosen Älchen infiziert werden. Die etwa 1 mm großen, runden oder ovalen, gelben Zysten findet man meist unter den Töpfen oder auch innen an der Topfwandung. Vor allem in überwiegend torfhaltigen Substraten findet man an Topfunterseiten mitunter Tausende dieser gelben Zysten.

Bekämpfung: Eine wirkungsvolle Bekämpfung der Zysten ist fast aussichtslos. Man konzentriere sich deshalb auf die im Boden frei lebenden Nematoden. Man gießt in etwa 14tägigen Abständen mit entsprechenden Präparaten (Nematizide) durchdringend, wobei man nicht mit allzu gutem Erfolg rechnen darf, weil man die Umweltbelastung möglichst gering hält und umweltbewußt seine Behandlungsmethode ausrichtet.

Die umweltfreundlichste aller Methoden läßt sich jedoch nur bei kleineren Sammlungen anwenden: befallene Kakteen austopfen, Erde vernichten, Wurzeln gründlich reinigen, Gallen großzügig abschneiden und bei sehr starkem Befall die Wurzel total abnehmen. Nach gründlicher Reinigung aller Töpfe, Schalen und Wannen sowie aller Werkzeuge werden die Pflanzen in frischem Substrat neu bewurzelt. Sauberkeit ist dabei das höchste Gebot.

Schnecken

Verheerende Schäden an Kakteen, die in den Sommermonaten im Freien oder auch in Frühbeeten stehen, richten Schnecken an, wenn sie in großer Zahl nach feuchter, warmer, niederschlagsreicher Witterung auftreten. Nicht nur Jungpflanzen, sondern auch alte Exemplare und ihre Knospen sind gefährdet. Mit der reibeisenartigen Zunge schaben sowohl Gehäuse- als auch Nacktschnecken das Pflanzengewebe von der Oberfläche her ab.

Bekämpfung: Während sich Schnecken tagsüber unter Steinen, in Spalten, unter Blättern und auch zwischen den Töpfen aufhalten, verlassen sie mit Einbruch der Dämmerung ihre Verstecke, um Nahrung zu suchen. In dieser Phase kann man sie mühelos im Schein einer Taschenlampe ablesen und umwelt-, aber nicht sehr tierfreundlich mit einer Schere vernichten. Die Erfahrung zeigt, daß sich des nachts darüber die Igel freuen und tagsüber die Reste von den Amseln verzehrt werden.

Natürlich stellt der Einsatz von Schneckenkorn eine Alternative dar, jedoch keine umweltfreundliche!

Keller-, Mauer- und Kugelasseln

Wenn man vergleicht, welche Schäden andere Insekten hervorrufen, so spielen Asseln eher eine unbedeutende Rolle. Doch kommt es gelegentlich vor, daß Jungpflanzen oder frische Triebspitzen – auch von säuligen Kakteen – total vernichtet werden, wobei sich die Asseln merkwürdigerweise nur auf wenige Arten konzentrieren, aber diese werden gründlich in Mitleidenschaft gezo-

gen. Meist aber bevorzugen jene Krabbeltiere sich zersetzende, organische Stoffe als Nahrung.
Bekämpfung: Einige ausgehöhlte Kartoffeln legt man mit der Höhlung nach unten zwischen die Sammlung, und morgens kann man in Ruhe die Asseln darunter einsammeln. Auch feuchte Tücher werden als Versteck angenommen.

▰ Trauermücken
Bei warmem und feuchtem Wetter und vor allem in warm-feuchten Gewächshäusern huschen die 1 bis 2 mm langen, schwarzen Trauermücken, auch Sciara-Fliege genannt, nervös auf dem Erdsubstat umher. Vor allem den Sämlingen werden die 1 bis 2 mm langen, farblosen, nahezu durchsichtigen Larven der Sciara-Fliege gefährlich. In kürzester Zeit können sie eine komplette Aussaat vernichten, so daß nur noch die leeren Sämlingsmumien herumliegen. Oft bildet sich zusätzlich an den Fraßstellen auch noch Fusariumfäule, die die restlichen Sämlinge vollends vernichtet.
Bekämpfung: Vorbeugend hilft rechtzeitiges Aufstellen von gelben Leimtafeln, sogenannten Gelbtafeln, an denen umherfliegende Trauermücken kleben bleiben. Weiter kann man mit systemisch wirkenden Insektiziden durchdringend gießen, um die in der Erde lebenden gefährlichen Larven zu vernichten. Bei einem starken Befall können kleinere Mengen von bereits größeren Sämlingen in frisches, unverseuchtes Substrat umgetopft werden.

▰ Blattläuse
An frischen Triebspitzen und an Blütenknospen können gelegentlich Blattläuse auftreten. Sie lassen sich relativ problemlos mit einem Wasserstrahl abspritzen. Bei starkem Befall helfen gering giftige Insektizide. Vorbeugend hilft bereits häufiges und ausgiebiges Lüften.

▰ Springschwänze
Häufig findet man auf feuchten Substraten, überwiegend bei Epiphyten, helle, etwa millimetergroße Urtierchen, die Springschwänze. Meist fallen sie nicht auf, weil sie relativ unscheinbar sind. Sie besitzen eine leistungsfähige Sprunggabel, mit der sie sich hüpfend fortbewegen. Sie können durch ihr massenhaftes Auftreten bisweilen lästig werden; wirkliche Schäden treten wohl kaum ein, weil sie sich vorwiegend von verrottenden, zerfallenden organischen Stoffen ernähren. Wenn man das Substrat etwas trockener hält, reduzieren sich auch die Springschwänze von selbst. Man kann sich auch behelfen, indem man die obere Substratschicht durch mineralische Substrate ersetzt.

Pilzliche Erkrankungen
Pilzinfektionen bei Kakteen und anderen Sukkulenten sind äußerst schwierig zu bekämpfen. Schadpilze dringen bei Verletzungen rasch in das saftige Gewebe ein, wenn man Kakteen mit nicht ausreichend abgetrockneten Verletzungen pflanzt und gleich angießt. Auch wenn es verlockend ist – ich will ausdrücklich davor warnen, allzu früh zu gießen.
Fungizide Pflanzenschutzmittel, also Pilzbekämpfungsmittel, können eine Infektion zwar deutlich vermindern, haben aber nur selten die Möglichkeit, sämtliche Pilze und Sporen restlos abzutöten. Die pilzliche Erkrankung kann immer wieder aufs Neue auftreten. Vorbeugung ist nach wie vor die beste und sicherste Methode zur Verhinderung von Pilzerkrankungen. Geeignetes Substrat, die richtigen Kulturmöglichkeiten und reichliches Lüften zählen zu den vorbeugenden Maßnahmen.
Oft kann wirklich nur der versierte Kakteenfachmann die verschiedenen Pilzerkrankungen bei sukkulenten Pflanzen unterscheiden, weil Entstehung und Erkennung gewisse Parallelen aufweisen. Nahezu alle pilzlichen Infektionen führen zum Verlust der befallenen Pflanze. Nur bei sehr aufmerksamer kontinuierlicher Kontrolle seiner Sammlung kann man die eine oder andere Pflanze retten, wenn man rasch und entschlossen handelt.
Aus Platzgründen können wir im folgenden nur auf die häufigsten Pilzerkrankungen eingehen.

Krankheiten und Schädlinge an Kakteen

▸ Fusariumfäule

Pflanzenkörper und Wurzelhals werden bräunlich und weich und fallen zusammen. Sproßspitzen schrumpfen und verfärben sich. Schneidet man die Sproßteile durch, so erkennt man die mehr oder weniger deutlich rotbraun verfärbten Leitbündel. Über die Wurzel wandert der Pilz in die Leitbündel der Pflanze ein, er kann aber auch durch Verletzungen der oberirdischen Pflanzenteile eindringen. Befallene Pflanzen zeigen oftmals einen weißlichen, rötlichen, lachsfarbenen, oftmals ins Violette gehenden Sporenbelag. Auch Wurzelschädlinge können den Befall auslösen.

Pilzliche Erreger: Als pilzliche Erreger dieser Fäule kommen folgende *Fusarium*-Arten in Frage: *Fusarium dimerum, Fusarium oxysporum, Fusarium violaceum* usw.

Bekämpfung: Als eine der häufigsten Infektionsquellen stuft man verseuchte Samen ein, die deshalb vor der Aussaat gewissenhaft gebeizt werden sollten. Befallene Pflanzen sind meist nicht zu retten, deshalb sollte man sie zusammen mit den Substrat vernichten (nicht auf den Kompost!). Dabei ist auf peinliche Sauberkeit zu achten! Die Töpfe sind gründlichst zu reinigen, man verwende nur gedämpftes Substrat, und die Umgebung befallener Pflanzen wird mit einem geeigneten Fungizid (zum Beispiel Benomyl) gegossen, zusätzlich wird in zehntägigen Abständen damit gespritzt.

Im Zuge dieser Maßnahmen sollte man weniger düngen, die Temperatur senken und die Pflanzen trockener halten. Man achte auch auf sauberes Gießwasser.

▸ Phytophthora-Naßfäule

Dieser Naßfäuleerreger, der meist durch bereits verseuchtes Substrat in die Wurzeln eindringt, zeigt verheerende Wirkung. Der Wurzelhals und die Pflanzen verfärben sich mehr oder weniger braun, sie werden matschig und lösen sich nahezu völlig auf. Wenn man nicht regelmäßig die Sammlung auf einen Befall kontrolliert, können innerhalb weniger Tage Dutzende herrlicher Kakteen vernichtet sein.

Pilzliche Erreger: *Phytophthora cactorum, Phytophthora omnivora* usw.

Bekämpfung: An *Phytophthora*-Naßfäule erkrankte Pflanzen müssen zusammen mit dem Substrat vernichtet werden (nicht auf den Kompost!). Die Umgebung befallener Pflanzen wird in zehntägigem Abstand mit einem geeigneten Fungizid angegossen, danach ist das Substrat wesentlich trockener zu halten und nicht so häufig zu düngen. Künftig sollte man darauf achten, wesentlich sauberer zu arbeiten, Töpfe sehr sorgfältig zu reinigen und nur gedämpftes Substrat zu verwenden.

Umgebungspflanzen, die noch keine Befallserscheinungen zeigen, können ausgetopft für etwa zwei Wochen in gedämpftem Licht an der frischen Luft liegen. Nach dieser Zeit topft man sie in frisches Substrat und gießt nach weiteren acht Tagen von unten vorsichtig an; man legt längere Gießpausen ein und härtet die Pflanzen ab. Wichtig ist es, gut zu lüften und hohe Temperaturunterschiede zwischen Tag und Nacht sowie Sommer und Winter einzuhalten.

▸ Helminthosporium-Naßfäule

Dieser pilzliche Erreger wird meist durch Samen überwiegend aus den südlichen USA und aus Mexiko eingeschleppt. Ein Befall wirkt sich besonders bei jungen Sämlingen verheerend aus; sie schrumpfen mumienartig zusammen. Innerhalb weniger Tage werden Saatschalen vernichtet. Hohe Luftfeuchtigkeit begünstigt das Auftreten des Pilzes. Die rasch vertrocknenden Kakteen zeigen oftmals einen typischen, samtig-olivgrünen, dunkelvioletten oder auch schwarzgrünen Sporenbelag.

Pilzlicher Erreger: *Helminthosporium cactivorum*

Bekämpfung: Erkrankte Pflanzen (größere Exemplare und auch Sämlinge) sofort restlos vernichten (nicht auf den Kompost!). Selbstverständlich werden auch die Erde und die Töpfe ausgesondert. Extreme Sauberkeit ist notwendig: saubere Töpfe, gedämpftes Substrat und sauberes Gießwasser! Am besten das Saatgut beizen, Temperatur und Luftfeuchtigkeit senken. Nicht sichtbar befallene Pflanzen aus der Umgebung vernichteter Exemplare kann man aus der Erde herausnehmen und etwa zwei bis drei Wochen lang trocken lager und anschließend in frisches Substrat wieder einpflanzen. Dabei nur sparsam von unten anstauen. Unter Umständen spritzt man alle zehn bis zwölf Tage (drei mal hintereinander!) mit einem entsprechenden Fungizid.

Botrytis-Weichfäule

Dieser Pilz ist ein typischer Schwächeschädling, der Pflanzen erst dann befällt, wenn sie aus anderen Gründen bereits in Mitleidenschaft gezogen sind. Die Oberfläche sinkt an einer bräunlichen, glasigen, sich vergrößernden Stelle ein. Das Gewebeinnere fault und wird zu einer breiigen Schleimmasse. Bei hoher Luftfeuchtigkeit (günstige Bedinungen für den Pilz) bildet sich auf der Pflanzenepidermis ein staubender, grauer Sporenrasen. Sehr gefährlich!

Pilzlicher Erreger: *Botrytis cinerea*

Bekämpfung: Erkrankte Pflanzen sind zu vernichten (nicht auf den Kompost!), und die Umgebung befallener Exemplare ist mit einem speziell gegen *Botrytis* wirksamem Fungizid zu behandeln. Nur gedämpfte Erde und saubere Töpfe verwenden! Sparsam düngen, trockener halten, Luftfeuchtigkeit senken. Man muß häufig Lüften und für hohe Temperaturunterschiede zwischen Tag und Nacht sowie zwischen Sommer und Winter sorgen. Pflanzliche Abfälle (abgestorbene Pflanzenteile, Blüten- und Fruchtreste) sind stets sorgsam zu entfernen. Am besten verbrennt man diese befallenen Pflanzen, oder man wirft sie in die Mülltonne.

Man kennt noch eine ganze Reihe anderer pilzlicher Erkrankungen, die aber bei der Kultur von Kakteen und anderen sukkulenten Pflanzen eher untergeordnete Rollen spielen. Hier sollen jene Erkrankungen zur Sprache kommen, die besonders häufig in den üblichen Kakteensammlungen auftreten.

Brennflecken-Erkrankung

Diese relativ häufige Erkrankung tritt überwiegend bei *Opuntia, Echinopsis, Mammillaria* und *Cereus* auf. Es bilden sich dann meist kreisrunde, bräunliche, etwas eingesunkene Flecken, die hart und korkig werden.

Pilzlicher Erreger: Verschiedene Pilze der Gattung *Gloeosporium*.

Bekämpfung: Bei sehr starkem Befall sollte man die betroffenen Pflanzen restlos vernichten! Weniger stark erkrankte Exemplare kann man bis ins gesunde Gewebe zurückschneiden bzw. man schneidet die erkrankten Stellen aus und bestreut das Gewebe mit Holzkohlepuder. Nach etwa 14tägigem Abtrocknen der Schnittwunden spritzt man vorbeugend in zehntägigem Abstand mit Dithane Ultra oder einem anderen Maneb-Mittel oder einem Captan-Präparat. Auch die nicht befallenen Kakteen mitbehandeln.

Ich konnte diese Erkrankung bereits völlig zum Stillstand bringen, indem ich die erkrankten Pflanzen sofort in frisches Substrat setzte und ihnen einen sommerlichen Standort an der frischen Luft gab.

Schwarzflecken-Erkrankung

Bei zu hoher Luftfeuchtigkeit in der kühlen Jahreszeit kann diese Erkrankung bei überdüngten und verweichlichten Arten von *Mammillaria, Parodia, Trichocereus* und *Epiphyllum* zu erheblichen Ausfällen führen. Es bilden sich unregelmäßige Flecken, die nach und nach in Fäulnis übergehen.

Bekämpfung: Bei schwerem Befall sollte man die Pflanzen vernichten. Ansonsten sollte man für etwas höhere Temperatur und geringere Luftfeuchtigkeit sorgen, einige Zeit nicht mehr gießen und keinesfalls düngen! Eventuell schneidet man bis ins gesunde Gewebe zurück und pudert die Schnittstelle mit Holzkohlestaub aus. Eine chemische Bekämpfung verspricht nur wenig Erfolg. Harte Haltung dient der Vorbeugung!

Krankheiten und Schädlinge an Kakteen

Schädigungen durch Kulturfehler

Korkwucherungen

Bei einigen Arten treten Korkwucherungen als eine typische Alterserscheinung auf. Korkwucherungen können gefördert werden durch zu hohe Luftfeuchtigkeit in den Wintermonaten, eventuell auch durch falsche Düngung. Besonders häufig tritt diese Erscheinung bei *Opuntia, Echinopsis, Soehrensia, Epiphyllum* auf. Abhilfe bei einigen Arten durch Verjüngung möglich.

Verbrennen der Epidermis

In den ersten warmen Tagen des Frühjahrs stellt man gerne zu euphorisch seine Kakteen ins Freie in die pralle Sonne. Dies kann zu nachhaltigen Schäden an den Pflanzen führen, die sich nach monatelanger lichtarmer Überwinterung so schnell noch nicht wieder an die volle Sonneneinstrahlung gewöhnt haben. Man sollte deshalb für das Ausquartieren eine trübe Wetterphase abwarten oder die Pflanzen anfangs nur schattiert ins Freie stellen. Ausgezeichnet helfen mitunter einige auseinandergefaltete Tageszeitungen, die man über die Kakteen legt, um die starke Einstrahlung etwas zu dämpfen.

Knospenfall und Vertrocknen der Blütenknospen

Besonders häufig ist diese Erscheinung bei *Schlumbergera* und *Epiphyllum* zu beobachten, wenn die Pflanzen zu naß oder auch zu trocken gehalten wurden. Wenn Blütenknospen abfallen oder vertrocknen, kann auch ein Standortwechsel, Nährstoffmangel, eine Wurzelerkrankung, trockene Luft und zu große Temperaturschwankungen als Auslöser gewirkt haben.

Rötliches Verfärben der Pflanze

Hierbei handelt es sich um eine Schutzfunktion der Pflanze bei zu intensiver Sonneneinstrahlung, oftmals leidet sie zugleich unter Wasserknappheit. Es kann auch ein schwerer Wurzelschaden vorliegen.

Gelbliches Verfärben der Pflanze

Ein deutliches Aufhellen der Pflanzenfarbe kann ein Hinweis auf alkalische Kultursubstrate oder auch auf einen Eisenmangel sein. Die Wurzeln zerfallen, Triebspitzen trocknen nach und nach ein. Abhilfe kann sofortiges Umtopfen in frisches Substrat bringen. Anfangs wird vorsichtig von unten angestaut und in den ersten Wochen schattiert.

Viruserkrankungen

Nur selten hört man von Viruserkrankungen bei Kakteen und anderen sukkulenten Pflanzen. Wenn allerdings ein Befall auftritt, dann zeigt sich diese Erkrankung besonders hartnäckig – mit wenig Aussicht auf eine erfolgreiche Bekämpfung. Vor allem Pfropfunterlagen und epiphytische Kakteen können durch eine Viruserkrankung befallen werden, die sich in gelblichen bis weißlichen, mosaikförmigen Streifen oder Flecken auf dem ganzen Pflanzenkörper darstellt. Das Wachstum kommt darüber hinaus zum Stillstand, und der Blütenansatz bleibt hinter den Erwartungen weit zurück.

Nach heutigen Erkenntnissen ist ein Virusbefall nicht zu heilen, aber auch nicht immer zu vermeiden, wenn man sich mit epiphytischen Pflanzen befaßt. Virusinfektionen können durch saugende Insekten, durch den Pflanzensaft, beim Pfropfen durch nicht ausreichend desinfizierte Pfropfmesser usw. von erkrankten auf gesunde Pflanzen übertragen werden. Eine Übertragung kann aber auch durch verseuchtes Erdsubstrat und durch nicht sorgfältig gereinigte Pflanzgefäße erfolgen. Man vermutet, daß vor allem überdüngte und verweichlichte Pflanzen leicht befallen werden. Befallenes Pflanzenmaterial muß unbedingt aus der Sammlung entfernt und vernichtet werden. Es ist nicht zu empfehlen, von offensichtlich nicht befallenen Trieben Stecklinge zu schneiden und zu bewurzeln, denn ein Virusbefall wird erst im letzten Stadium durch die oben beschriebenen Symptome sichtbar.

Mosaik-Erkrankung

Diese häufige virusbedingte Erkrankung tritt überwiegend an *Schlumbergera, Epiphyllum* und *Rhipsalidopsis* auf. Auf den Gliedern bilden sich blaß gelbgrüne, später gelbliche bis weißliche, durchscheinende, unregelmäßige Flecken, die nach und nach eintrocknen können und dann braun werden. Befallene Pflanzen wachsen und blühen sehr schlecht und sollten vernichtet werden (nicht auf den Kompost!). Aus eindeutig nicht befallenen Pflanzenteilen lassen sich mitunter wieder gesunde Exemplare ziehen – man sollte sich aber nicht zu hohe Erfolgschancen versprechen.

Bekämpfung: Eine sichere Behandlung ist noch nicht möglich. Wenn es gelingt, die Übertragungswege zu blockieren, kann man die Krankheit an der weiteren Verbreitung hindern. Das bedeutet peinliche Sauberkeit beim Schneiden der Pflanzen, erkrankte Pflanzen sofort aussondern und vor allem die Verbreitung durch saugende Insekten mit allen Mitteln verhindern.

Problem Importpflanzen

Seit einigen Jahren wird in zunehmendem Maße die Einfuhr von Importpflanzen erschwert, nachdem der Raubbau an den Heimatstandorten unverantwortliche Ausmaße angenommen hat. Unter Berücksichtigung dieser Tatsache ist zum Schutze bedrohter Tiere und Pflanzen am 1. Juli 1975 das sogenannte Washingtoner Artenschutzübereinkommen in Kraft getreten. Der Export von Kakteen – alle Gattungen und Arten! – und die Einfuhr von sehr vielen Arten ist nunmehr genehmigungspflichtig, weil nicht nur gewerbliche, sondern auch private Sammler in den vergangenen Jahrzehnten rücksichtslos und nur auf Profit bedacht viele Arten an ihren natürlichen Standorten stark gefährdet und teilweise sogar völlig ausgerottet haben. Die natürliche Regeneration konnte mit der rigorosen Pflanzenentnahme am Standort nicht mehr Schritt halten. Die verbliebenen Restpopulationen wurden derart dezimiert, daß eine allmähliche Regeneration der Bestände durch Vermehrung in einigen Fällen wohl kaum noch möglich sein wird.

Pflege, Behandlung, Bewurzelung

Anpassungsschwierigkeiten

In ihrer Heimat sind Kakteen nicht nur ein anderes Klima, sondern auch einen anderen Vegetationsrhythmus gewöhnt. Deshalb haben nicht nur Anfänger unter den Kakteensammlern oft enorme Schwierigkeiten mit Importpflanzen, vor allem dann, wenn die Kulturbedingungen nicht gerade optimal sind. Das Ergebnis ist leider immer dasselbe: Nach kurzer Zeit landen die wertvollen Importkakteen auf dem Kompost oder in der Mülltonne.

Es steht auch fest, daß die meisten der in den vergangenen Jahrzehnten an den Heimatstandorten entnommenen Kakteen auf Grund von Kulturfehlern oder Transportschäden nicht überlebt haben. Sollte jemand diese Behauptung bezweifeln, so sei ein Besuch der Komposthalden von einigen bekannten Importeuren empfohlen. Ein mitdenkender Kakteensammler wird der weiteren Ausplünderung der restlichen Kakteenbestände nicht weiter Vorschub leisten, sondern auf den Erwerb von Importpflanzen verzichten.

Ein geradezu klassisches Beispiel kann man mit den bedauernswerten Tillandsien erleben, die wenig sachverständig auf Steine geklebt, im Handel auf meist völlig unerfahrene Käufer warten. Trotz mehrfacher Dementis werden in verschiedenen südamerikanischen Ländern immer noch Jugendliche ausgeschickt, auf die Bäume zu klettern, um auch noch die restlichen der stark abnehmenden Tillandsienbestände zu „ernten". Auf dem Transport nach Europa gehen bereits viele ein, und der Rest stirbt innerhalb von zwölf Monaten. Die wenigsten der entnommenen Pflanzen können zur Vermehrung genutzt werden.

Kakteen aus gärtnerischer Kultur

In Spezialgärtnereien herangezogene Kakteen ersetzen nach neuen Erkenntnissen in Habitus und Qualität jene Kakteen voll und ganz, die nun am Wildstandort bleiben können. Bedauerlicherweise existieren immer noch eine Reihe von sogenannten „Schlupflöchern", so daß immer noch viele Tausend Importkakteen jährlich nach Deutschland gelangen.

Die in Spezialgärtnereien in Südamerika oder auch auf den Kanarischen Inseln ausgesäten Kakteen haben zwangsläufig sehr lange Transportwege hinter sich. Endlich beim Kakteenliebhaber angekommen werden eingetrocknete, geknickte oder eingerissene Wurzeln an den verletzten Stellen abgeschnitten. Nach dem Abtrokknen eventueller Schnitte werden die Kakteen in sehr durchlässigem, überwiegend mineralischem Substrat bei 20 bis 26 °C und milder Bodenfeuchte bewurzelt. Übersprühen mit temperiertem Wasser unterstützt die Akklimatisierung. Jede neue Pflanze ist auch sorgfältig nach Schädlingen zu untersuchen! Während die neuerworbenen Kakteen anfangs leichten Sonnenschutz erhalten, werden sie innerhalb von 14 Tagen allmählich an volle Sonne gewöhnt. Im Frühjahr und im Frühsommer lassen sich Kakteen am besten eingewöhnen.

Problem Importpflanzen

▰ Vorsicht mit Wassergaben

Man sollte sich auch nicht dazu verleiten lassen, Importkakteen die Wassermengen, wie sie für einen Gummibaum oder eine Zimmerlinde angemessen sind, zukommen zu lassen. So etwas kommt immer wieder vor. Mit Fingerspitzengefühl und auch Sachverständnis (man sollte auch ein Fachbuch zu Rate ziehen, um den Heimatstandort der erworbenen Kakteen in Erfahrung zu bringen), lassen sich auch schwierige Importe über viele Jahre erfolgreich kultivieren.

Völlig unbewurzelte Importe werden zwangsläufig wie Stecklinge behandelt und vorsichtig bewurzelt. In dieser wurzellosen Phase wird etwas häufiger mit temperiertem Wasser genebelt.

Das Washingtoner Artenschutzübereinkommen

Das Übereinkommen über den internationalen Handel mit gefährdeten Arten freilebender Tiere und Pflanzen wurde von der Bundesrepublik Deutschland am 3. März 1975 mitunterzeichnet. Durch den Beitritt der Europäischen Gemeinschaft zum Washingtoner Artenschutzübereinkommen erhielt dieses auch Gesetzeskraft für sämtliche Mitglieder der Gemeinschaft. Die von vielen Staaten unterzeichnete Vereinbarung regelt den Handel mit gefährdeten Arten freilebender Tiere und Pflanzen auf höchster Ebene. Nach diesem Abkommen zählen sämtliche Gattungen und Arten der Kakteen sowie vieler anderer Sukkulenten zu den gefährdeten Pflanzen. Nur mit einer gültigen Einfuhrgenehmigung oder für wissenschaftliche Institutionen, die Kakteen aus bestimmten Gründen untersuchen wollen, ist noch eine Einfuhr in die Bundesrepublik Deutschland möglich. Dazu sind wiederum gültige CITES-Dokumente notwendig. („CITES" steht für Convention on International Trade in Endangered Species of Wild Fauna and Flora.) Derartige Einfuhrgenehmigungen werden immer noch viel zu häufig erteilt. Außerdem gibt es für Kakteensammler, die häufig in Südamerika Pflanzen sammeln, leider immer noch genügend Schlupflöcher und Möglichkeiten, um ihre Beute nach Deutschland zu bringen.

Verständlicherweise sind von dem Washingtoner Artenschutzübereinkommen in erster Linie jene Firmen unmittelbar betroffen, die sich jahrzehntelang auf den Import und den Verkauf von Standortpflanzen spezialisiert haben. Aber für besonders flexible Firmen bieten sich andere lukrative Möglichkeiten. Entweder man steigt verstärkt auf eigene Anzuchten um, oder man bezieht Kakteen, die von Anbauflächen in subtropischen oder tropischen Regionen stammen. In den letzten Jahren gelangen in großem Stile zunehmend Kakteen aus riesigen Anzuchtstationen von den Kanarischen Inseln zu uns. Die dort in mildem Klima herangewachsenen Pflanzen sind gesund und verfügen über ein gut entwickeltes Wurzelsystem.

In einigen Ländern wird das Washingtoner Artenschutzübereinkommen nahezu lückenlos gehandhabt, während es andere Staaten nicht so eng sehen und so manches „Hintertürchen" offen halten. Das Artenschutzübereinkommen in seiner gegenwärtigen Fassung ist allerdings nur als Anfang ernstgemeinter Planungen für einen künftigen, lückenlosen und internationalen Schutz von primär gefährdeten Pflanzen und Tieren zu sehen.

Vorbildlich beweisen die Vereinigten Staaten und auch Südafrika, daß der Artenschutz sehr wirksam gehandhabt werden kann, wenn man die gesetzlichen Voraussetzungen dafür schafft.

Im Gegensatz dazu steht Japan als weltgrößter Kakteenimporteur und auch -exporteur. Erschreckend ist, daß in Japan ein überaus schwunghafter Handel mit den seltensten Pflanzenraritäten getrieben wird. Ein Großteil jener Raritäten sind unmittelbar am Standort entnommen. Hier dürften in nächster Zukunft weitere gravierende Verstöße gegen das Artenschutzübereinkommen aufgedeckt werden. Auch in vielen Ländern Süd- und Mittelamerikas liegt noch vieles im argen, man kann deshalb nur hoffen, daß dort bald die notwendige Einsicht zugunsten des Artenschutzes vor monetären Perspektiven obsiegen wird.

Kakteen-Hybriden

Für auf Artreinheit bedachte Kakteenfreunde verbirgt sich hinter dem Begriff „Hybride" meist etwas Negatives. Dem Autor sind jedoch Sammlungen mit Kakteen-Hybriden bekannt, die durch ihre Blühfreudigkeit, ihre Blütenfarben und ihre Blütengröße immer wieder Erstaunen auslösen. Allerdings sollten eigene Hybridisierungs-Versuche sinnvoll geplant sein, um zu einem gewünschten Ergebnis zu führen.

Unter dem Begriff „Kakteen-Hybriden" versteht man auch Mischlinge (Bastarde) zwischen verschiedenen Kakteenarten, die zwar am Heimatstandort viele hundert Kilometer entfernt voneinander wachsen können, aber in unseren Sammlungen meist Topf an Topf kultiviert werden. Sicher werden oftmals die miteinander gekreuzten Kakteen der gleichen Art oder Gattung angehören. – Dies kann aber auch anders sein. Es sind bereits Kreuzungshybriden von Arten aus unterschiedlichen Kakteengattungen entstanden, die zwar recht interessant für Spezialisten sein können, aber von ernsthaften Sammlern abgelehnt werden. Die Erbanlagen der beiden unterschiedlichen Elternpflanzen treffen in den neuen Hybriden als Kreuzungsprodukt zusammen, die nun Eigenschaften beider Elternpflanzen aufweisen.

Verantwortungsbewußte Züchtung

Wer sich nun auf das Sammeln von Arten spezialisiert hat, wird verständlicherweise keine Hybriden mit aufnehmen, da er sonst seine Sammlung logischerweise in gewissem Sinne entwerten würde. Diese Meinung war vor Jahrzehnten ebenso gültig wie heute, obwohl sich die Grundstimmung dazu ein wenig gewandelt hat. In letzter Zeit werden die züchterischen Erfolge – vor allem innerhalb der Gattungen *Lobivia* und *Echinopsis,* aber auch bei *Epiphyllum* – doch etwas aufmerksamer beobachtet. Zudem konnten durch die gezielte Anzucht und Weiterkultur von schönen, blühfreudigen Hybriden zahlreiche Kakteenfreunde neu hinzugewonnen werden. So hat sich nicht nur die grundsätzliche Einstellung der kritischen Kakteenfreunde etwas gewandelt, sondern viele Gärtner haben sich nachhaltig der Hybridisierung von Kakteen und anderen Sukkulenten mit Haut und Haaren verschrieben. Und so ist es nicht weiter verwunderlich, daß nicht nur die schönen, farbenprächtigen und blühfreudigen Hybriden auf wachsendes Interesse bei den Sammlern stoßen, sondern daß man sich außerdem bemüht, Hybriden anzubieten, die sich als widerstandsfähiger gegenüber Schädlingen und Krankheiten erweisen.

Zahlreiche Arten innerhalb von bestimmten Kakteengattungen lassen sich besonders leicht kreuzen. Dies gilt vor allem für die Gattungen *Mammillaria, Gymnocalycium, Lobivia, Rebutia, Notocactus.* Während die meisten Arten am Heimatstandort viele Kilometer voneinander entfernt wachsen oder ihre Standorte sind durch Höhenzüge getrennt, so stehen sie in unseren Sammlungen und Gewächshäusern dicht beieinander. Insekten, die die großen, farbenprächtigen Kakteenblüten wechselweise anfliegen, sorgen so für eine meist ungewollte Hybridisierung.

Man beobachtet auch immer wieder, daß Kakteenfreunde im Anfängerstadium ohne Überlegung auch mal das Kreuzen zweier Kakteen, die gleichzeitig blühen, ausprobieren wollen. Man überträgt dazu mit einem Pinsel die Pollen von der einen auf die andere Blüte. Selten wird durch diese ungeplant entstandenen Kreuzungsprodukte eine Verbesserung erreicht, sondern oftmals sind sie der Anstoß von Ärgernis, wenn sie unter falschem oder irreführendem Namen an andere Sammler weitergegeben werden. Wenn schon eine Weitergabe erfolgt, dann muß auch exakt auf die Elternpflanzen hingewiesen werden. Verantwortungsvolle Hybridenzüchter versuchen, auf verschiedene Arten verteilte positive Eigenschaften durch gezielte, sorgfältig überlegte Kreuzung in einer einzigen Pflanze zu vereinen. Beispielsweise versucht man, eine leichtblühende Art mit einfacher weißer Blüte mit einer anderen Art und roter Blüte zu kreuzen, um eine ebenfalls leichtblühende Hybride mit attraktiver roter Blüte zu erhalten. Selbstverständlich muß

die Hybridenzucht an relevante Voraussetzungen geknüpft werden, um Erfolg zu haben.
Die Zuchtziele müssen idealerweise klar definiert sein. Vielfach wird hierbei die Schönheit und Farbe der Blüte sehr hoch bewertet; dabei sollte man aber auch an eine bizarre Bedornung, an die Wüchsigkeit, an die Widerstandsfähigkeit und an die Resistenz gegenüber diversen Erkrankungen denken. Entstehende Hybriden müssen sorgfältig gekennzeichnet, klassifiziert und vor allem kritisch beurteilt werden. Exemplare, die nicht die gesteckten Erwartungen erfüllen, sollten vernichtet werden, denn sonst besteht im Laufe der Zeit die Gefahr, daß der Züchter in einer Masse von minderwertigem Pflanzenmaterial den Überblick verliert und damit den eigentlichen Zuchterfolg in Frage stellt. Auch sollten sorgfältige Aufzeichnungen über die Züchterarbeit dazu dienen, daß später andere Züchter auf der geleisteten Arbeit systematisch aufbauen können. Dies ist die einzige Möglichkeit, um zu verhindern, daß immer wieder die gleichen Kreuzungsversuche stattfinden und zu einer unkontrollierbaren Namensschwemme im Handel führen.

Über das Thema der Hybridisierung wurde in der bisherigen Kakteenliteratur noch nicht allzu viel publiziert. Entweder fehlt es an den relevanten Erfahrungswerten oder auch an der Zeit, um sich mit dieser Thematik intensiv zu beschäftigen. Die geplante bzw. gezielte Hybridenzucht ist nicht gerade einfach, wenn man sie sorgfältig durchführen möchte. Mitunter wird sich im Nachhinein herausstellen, daß in einer einzigen Kakteengeneration das angepeilte Zuchtziel nicht erreicht werden kann. Das Überprüfen und Verfolgen der einzelnen Kreuzungen, die Pflege, das Aussäen, das Auflisten, Pikieren, usw. erfordert meist enorm viel Zeit. Man bedenke auch, welchen gewaltigen Platzbedarf eine derartige Hybridisierungsanlage hat; ohne ein geräumiges Gewächshaus für die Ganzjahreskultur werden wohl kaum Erfolge zu verzeichnen sein. Und gerade die Erfolge sind es – mitunter auch unerwartete – die für die teilweise erheblichen Mühen und den enormen Aufwand entschädigen.

In der ersten Generation liefert die Kreuzung reiner Arten ein meist sehr einheitliches Ergebnis. Kreuzt man jedoch bereits vorhandene Hybriden nach Plan miteinander, so werden sich die relevanten Merkmale rasch aufspalten und entsprechend zeigen. Die auf diesem Wege entstehenden Multihybriden zeigen bei *Echinopsis* und auch bei *Lobivia* ein ausgeprägt breites Band an oftmals schönen Blütenfarben, wobei auch die Blühfreudigkeit eine gewisse Steigerung erfährt. Ähnliche Beobachtungen lassen sich bei *Rebutia* feststellen, aber auch bei *Astrophytum,* wo sich die Rippenzahl, der Habitus und die Beflockung verändern kann.

Eine sinnvolle, geplante Hybridisierung muß voraussetzen, daß sogenannte Zufallsbestäubungen ausgeschlossen bleiben. Damit Insekten nicht Zufall spielen können, müssen die beiden Elternpflanzen durch eine Glocke aus engmaschiger Fliegengaze geschützt werden. Bei der Hybridenzüchtung ist daher unbedingt darauf zu achten, daß ausschließlich Pollen der Vaterpflanze und nicht etwa auch Pollen der Mutterpflanze auf die Narbe der Mutterpflanze übertragen wird. Es versteht sich im Grunde von selbst, daß man nur einen extrem sauberen Pinsel für diese Arbeit verwendet, der auch nach jedem Bestäubungsvorgang wieder sorgfältig gereinigt werden muß. Besonders vorsichtige Züchter entfernen vor dem Bestäubungsvorgang an der Mutterpflanze sorgfältig sämtliche Staubgefäße.

Kreuzungsversuche bei Kakteen

Aber die Erwartungen sollten nicht zu hoch geschraubt werden, denn nicht alle Kreuzungsversuche werden gelingen. Obwohl es Kakteen gibt, die sich selbst bestäuben können (wie etwa die Kakteen aus der Gattung *Frailea*), so können die meisten Kakteen doch nicht mit dem Blütenstaub der gleichen Art befruchtet werden. Auch verwandtschaftlich entfernt stehende Kakteen lassen sich nicht immer gegenseitig befruchten. Ob zwischen zwei verschiedenen Arten Hybriden gelingen oder nicht, gilt als Hinweis auf

Kakteen-Hybriden

einen möglichen Verwandtschaftsgrad. Befruchtungshindernisse können entstehen durch erhebliche Unterschiede im Blütenbau und auch durch gewisse Enzymreaktionen; mitunter lassen sich einige dieser Hindernisse überwinden. Derartige Fälle können bei Kakteenblüten mit besonders langen Blütenröhren entstehen.

Auch auf chemischem Wege gelang es bereits, Befruchtungshemmnisse zu beseitigen. Mit diversen Stoffen wurden teilweise erfolgreiche Versuche durchgeführt. Andere Versuche scheiterten daran, daß die durch diese Manipulationen mühevoll gewonnenen Samen nicht keimen konnten oder daß die jungen Sämlinge infolge von Erbgutveränderungen chlorotisch wurden, – sie bildeten kein Blattgrün und gingen unmittelbar nach der Keimung ein.

Häufig passiert es, daß die beiden für die geplante Kreuzung vorgesehenen Elternteile nicht zur gleichen Zeit blühen. In diesen Fällen kann man sich für eine gewisse Zeit behelfen. Blütenstaub kann einige Tage in befruchtungsfähigem Zustand aufbewahrt werden, wenn er kühl, dunkel und trocken gelagert wird. Sobald eine Elternpflanze blüht und die Blüte des ausgewählten Bestäubungspartners erst in einigen Tagen oder in ein oder zwei Wochen zu erwarten ist, muß der Züchter etwas unternehmen. Man umwickelt einige saubere Holzstäbchen an einem Ende mit etwas Watte und entnimmt damit aus der Blüte Blütenstaub. Nun füllt man in ein sauberes, luftdicht zu verschließendes Glas zu einem Viertel trockenes Kochsalz und steckt nun die Holzstäbchen mit dem Blütenstaub mit der Stielunterseite in das Kochsalz. Die Luftfeuchtigkeit wird durch das Salz in dem Glas gebunden. Bei 4 bis 8 °C verwahrt man das verschlossene Glas im Kühlschrank auf, bis die andere Elternpflanze blüht und der Blütenstaub verwendet werden kann. Normalerweise bleibt der Pollen im Kühlschrank bei dieser Temperatur etwa zwei Wochen lang befruchtungsfähig.

In letzter Zeit haben sich bei den Hybridenzüchtern verständlicherweise einige bevorzugte Arbeitsbereiche entwickelt, in denen tatsächlich herausragende Erfolge verzeichnet werden

Geplante Hybridisierung

Man sollte sich nicht verleiten lassen, planlos mit dem Pinsel von Kakteenblüte zu Kakteenblüte zu „fliegen", – unkontrollierbare Ergebnisse wären die Folge.

Von Anfang an müssen sorgfältige und nachvollziehbare Aufzeichnungen festlegen, welche Blüten miteinander „gekreuzt" wurden. Sehr schöne und vor allem sinnvolle Ergebnisse wurden erzielt durch folgende Bestäubungsversuche:
- innerhalb der Gattung *Echinopsis*
- mit *Echinopsis* und *Lobivia*
- mit *Lobivia* und *Trichocereus*
- mit *Cleistocactus* und *Trichocereus*
- mit *Echinopsis* und *Trichocereus*
- innerhalb der Gattung *Epiphyllum*
- mit *Lobivia* und *Chamaecereus*
- mit *Aporocactus* und *Epiphyllum*

konnten. Jahr für Jahr tauchen neue ausgezeichnete Hybriden in den Sammlungen auf. Zu den bekanntesten und verbreitetsten zählen zweifellos die *Nopalxochia*-Hybriden, als Phyllokakteen oder Epiphyllum bekannt. In den vergangenen 160 Jahren wurden in mühevoller Züchterarbeit weltbekannte Hybriden herangezogen, in denen viele ausgezeichnete Erbanlagen von *Heliocereus, Epiphyllum, Selenicereus, Nopalxochia* und auch *Aporocactus* enthalten sind. Größe, Blütenfarbe und Duft waren anfangs sehr wichtige Kriterien, während diese Anforderungen heute eine Selbstverständlichkeit darstellen, legt man mittlerweile Wert auf eine ausgeprägte Blühfreudigkeit, gedrungenes Wachstum und eine gewisse Resistenz gegenüber Erkrankungen.

In den letzten Jahren wurden Züchtungen schwerpunktmäßig in den Vereinigten Staaten und in Großbritannien professionell vorgenommen. Man bemüht sich auch intensiv, die Namensvielfalt zu ordnen und zu systematisieren und den Entwicklungshergang sowie den Stammbaum der Hybriden transparent zu machen.

Kakteen-Hybriden

Zu den Massenblühern zählen sämtliche *Chamaecereus-silvestrii*-Hybriden *(Echinopsis chamaecereus)*, die der Gattung *Lobivia* sehr nahe stehen. Rausch zieht in seinen Ausführungen („Lobivia" 85) *C. silvestrii* bereits zu *Lobivia* ein. Auf Grund der überaus engen Verwandtschaft zu *Lobivia* ist es verständlich, daß sich diese monotypische Gattung leicht mit *Lobivia* kreuzt. Aus der ursprünglich einfachen roten Blüte von *C. silvestrii* entstanden durch gezielte und planvolle Kreuzung mit diversen *Lobivia*-Arten eine Vielfalt an herrlichen Blütenfarben: Orange und Rot in verschiedenen Abstufungen, Violett, Weiß und Gelb. Auch wurde *C. silvestrii* etwas gedrungener und stabiler, mit dem Erfolg, daß die kleinen Glieder nicht mehr so leicht abbrechen. Dies alles sind Erfolge einer sinn- und planvollen züchterischen Leistung. *Echinopsis*-Hybriden sind bei Kakteenfreunden besonders beliebt, weil sie nicht nur robust, sondern auch besonders blühfreudig sind. Im Laufe der Jahre konnte hier eine breite Palette an prachtvollen Blütenfarben erzielt werden. *Echinopsis*-Hybriden entstanden aus Kreuzungen verschiedener *Echinopsis*-Arten untereinander sowie mit *Lobivia*-, *Cleistocactus*- und *Trichocereus*-Arten. Die ersten Züchtungen in Deutschland aus den dreißiger Jahren fanden bei Sammlern und Kakteenfreunden zunächst recht wenig Beachtung. Neue Impulse kamen aus den Vereinigten Staaten, die dann von deutschen Kakteenzüchtern wieder aufgegriffen wurden. Und so entstanden im Laufe der letzten Jahre eine ganze Reihe neuer sammelnswerter *Echinopsis*-Hybriden.

Cristatformen

Auf Kakteensammler üben Cristatformen (Hahnenkammformen) stets eine besondere Faszination aus. Seit sich Pflanzenfreunde mit Kakteen beschäftigen, setzen sie sich auch mit diesen merkwürdigen Gebilden auseinander und versuchen, deren Entstehung zu ergründen. Cristatformen bei Kakteen und auch bei anderen sukkulenten Pflanzen findet man in nahezu allen Gattungen – bei kugel- und bei säulenförmigen Arten.

Cristate, wie diese hahnenkammförmige Verbreiterungen des Scheitels genannt werden, können sowohl bei jungen als auch bei sehr alten Kakteen spontan auftreten, auch wenn die betreffenden Pflanzen bislang keinerlei Hinweis auf eine bevorstehende Verbänderung gegeben haben.

Der Vegetationspunkt im Scheitel verbreitet sich extrem stark durch fortgesetzte Teilung zu einer mehr oder weniger geraden Linie von sehr vielen Vegetationspunkten und einem Band embryonalen Gewebes. Wächst die Cristate, so treten erhebliche Spannungen auf, weil die Enden des eigentlichen Körpers auf einer Pfropfunterlage oder auf der Erde fixiert sind. Sie können sich in dieser Phase sogar von ihrer Unterlage abheben. Falls die Enden der Cristate von außen gegen die Unterlage drücken, müssen die drückenden Enden abgeschnitten werden und können sofort auf andere Unterlagen gepfropft werden.

Bizarre Cristatformen können ungemein attraktiv wirken und bilden häufig den Blickfang in einer Sammlung. Es ist im übrigen durchaus möglich, daß eine Cristate nach einigen Jahren ohne erkennbare Ursache wieder normale Triebe bildet und als Cristate vermindert oder auch gar nicht mehr wächst. Und mit einer Erkrankung hat die Cristatbildung, soweit wir wissen, nicht das geringste zu tun!

Es ist bekannt, daß Cristate nicht sehr blühfreudig sind. Man sammelt sie auch nicht wegen ihrer Blüte, sondern aufgrund ihres besonderen Aussehens. Sämlinge von Cristatformen wachsen völlig normal, was wiederum beweist, daß eine Verbänderung – mag sie noch so ausgeprägt sein – nicht vererbbar ist.

Durch geschickte Teilung in verschiedene Segmente kann man Cristate wieder hochpfropfen und damit auch vermehren. Man kann sie zwar bewurzeln und wurzelecht weiterwachsen lassen, aber gepfropft sind sie wesentlich haltbarer. Auch die Bekämpfung von Schädlingen ist bei gepfropften Cristaten einfacher. Bei Cristaten sollte man ganz besonders darauf achten, daß sich keine Wolläuse in den zahlreichen Biegungen und Windungen verstecken, die dann nur sehr schwierig zu bekämpfen sind, weil man sie einerseits schlecht findet und zum anderen weil man nur selten sämtliche Tiere bzw. Eier „erwischt".

Wer sich nun besonders intensiv mit Cristatformen beschäftigen möchte und besonders haltbare Pfropfunterlagen sucht, dem seien die genannten bewährten Propfunterlagen empfohlen.

Pfropfunterlagen für Cristatformen

Trichocereus pachanoi	*– bonplandii*
– spachianus	*– martinii*
– macrogonus	*Cereus peruvianus*
– bridgesii	*– jamacaru*
Eriocereus jusbertii	und andere Arten

Cristate wachsen nach beiden Seiten und können sich deshalb durch permanenten Druck auf die Seiten von der Unterlage abheben. Man sollte deshalb rechtzeitig die Seiten der Cristate abschneiden, die sich im übrigen wieder pfropfen lassen.

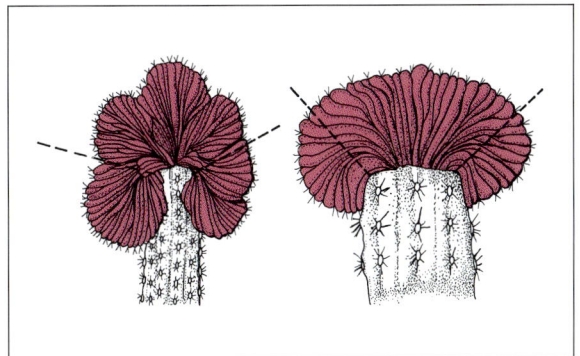

Weitere empfehlenswerte Kakteen

Natürlich habe ich mir die Frage gestellt, nach welchen Kriterien die Pflanzen auszuwählen sind, die ich hier vorstelle. – Nach der Pflegeleichtigkeit, nach Blühfreude, nach Herkunft, nach Form oder den häufigsten Temperaturen? Jeder der sich irgendwann mal mit Kakteen beschäftigt hat, wird mir zustimmen, daß jeder Kakteensammler seine eigenen Prioritäten setzen muß und daß alleine seine Erfahrungs- und Erfolgswerte Bestand haben werden.

Also habe ich versucht, die mir zur Verfügung stehende Seitenanzahl mit jenen Kakteen zu füllen, die entweder besonders schön blühen oder die besonders interessant sind. Gleichzeitig wollte ich einen Überblick über die Vielfalt der Kakteen geben, um vor allem den Einsteigern unter den Kakteenfreunden Perspektiven aufzeigen zu können.

Es gibt keine sammelswerten Kakteen, die man anderen vorziehen sollte. Die Entscheidung über die persönlichen Favoriten trifft der Kakteensammler selbst, denn er merkt am ehesten, mit welchen Gattungen er die besten Erfolge hat. Und nur das zählt!

Acanthocalycium glaucum	– *damsii*	– *leptacantha*	– *eichlamii*
– *thionanthum*	– *horridispinum*	– *markusii*	– *elegans*
– *violaceum*	– *horstii*	– *mistiensis*	– *elongata*
Cleistocactus flavispinus	– *quehlianum*	– *nigrispina*	– *erectacantha*
– *jujuyensis*	– *ragonesei*	– *oxyalabastra*	– *ernestii*
– *parviflorus*	– *ritterianum*	– *paucartambensis*	– *erythrocalyx*
– *smaragdiflorus*	– *saglionis*	– *pentlandii*	– *estanzuelensis*
– *viridiflorus*	– *spegazzinii*	– *pictiflora*	– *evermanniana*
Echinocereus enneacanthus	– *tillianum*	*Mammillaria albicoma*	– *formosa*
– *delaetii*	– *vatteri*	– *albilanata*	– *geminispina*
– *knippelianus*	– *weissianum*	– *aureilanata*	– *gigantea*
– *laui*	– *zegarrae*	– *backebergiana*	– *gracilis*
– *maritimus*	*Lobivia acanthoplegma*	– *blossfeldiana*	– *hamata*
– *merkeri*	– *akersii*	– *bombycina*	– *heidiae*
– *nivosus*	– *backebergii*	– *canelensis*	– *hemisphaerica*
– *pectinatus*	– *cinnabarina*	– *carnea*	– *hertrichiana*
Echinofossulocactus coptogonus	– *culpinensis*	– *coahuilensis*	– *hidalgensis*
– *gladiatus*	– *durispina*	– *columbiana*	– *humboldtii*
– *hastatus*	– *famatimensis*	– *compressa*	– *ingens*
– *kellerianus*	– *ferox*	– *crucigera*	– *johnstonii*
– *pentacanthus*	– *glauca*	– *decipiens*	– *karwinskiana*
– *multicostatus*	– *haageana*	– *deherdtiana*	– *klissingiana*
Gymnocalycium bicolor	– *kupperiana*	– *dixanthocentron*	– *kunzeana*
– *bruchii*	– *laui*	– *durispina*	– *lanata*

116

Weitere empfehlenswerte Kakteen

- lenta
- leucantha
- lewisiana
- lloydii
- longiflora
- louisae
- macdougalii
- macracantha
- magnifica
- magnimamma
- marnierana
- matudae
- mazatlanensis
- meyranii
- microhelia
- mollendorffiana
- multiceps
- mystax
- nana
- nejapensis
- nunezii
- obscura
- occidentalis
-- ortiz-rubiona
- parkinsonii
- peninsularis
- perbella
- prolifera
- saboae
- scheidweileriana
- schiedeana
- solisioides
- swinglei
- theresae
- viereckii
- viridiflora
- wildii

Parodia aureispina
- columnaris
- dichroacantha
- elata
- faustiana
- fechseri
- formosa
- fulvispina
- haageana
- hummeliana
- kilianana
- koehresiana
- lamprospina
- lohaniana
- maassii
- mairanana
- malyana
- maxima
- mendezana
- microsperma

Rebutia albiflora
- albopectinata
- auranitida
- aureiflora
- brachyantha
- costata
- einsteinii
- eos
- euanthema
- eucaliptana
- fiebrigii
- haagei
- krainziana
- kupperiana
- marsoneri
- minuscula
- muscula

- narvaecensis
- perplexa
- pulvinosa
- ritteri
- spegazziniana
- spinosissima
- spiralisepala
- steinmannii
- sumayana
- supthutiana
- tarvitaensis
- torquata
- tropaeolipicta
- vallegrandensis
- violaciflora
- violascens
- vizcarrae
- walteri
- wessneriana
- xanthocarpa

Selenicereus hamatus
- kunthianus
- macdonaldiae
- murrillii
- pteranthus
- vagans
- wercklei

Sulcorebutia alba
- candiae
- canigueralii
- flavissima
- glomerispina
- hoffmanniana
- krahnii
- krugerii
- lepida
- losenickyana

- markusii
- mentosa
- mizquensis
- pampagrandensis
- rauschii
- steinbachii
- taratensis
- tiraquensis
- totorensis
- tuberculato-chrysantha
- tunariensis
- vasqueziana
- vizcarrae
- xanthoantha
- zavaletae

Thelocactus conothelos
- ehrenbergii
- flavidispinus
- gielsdorfianus
- hastifer
- hexaedrophorus
- nidulans
- phymatothelos
- rinconensis

Weingartia lanata
- longigibba
- neumanniana
- riograndensis
- sucrensis

Wilcoxia (Echinocereus) papillosa
- poselgeri
- striata
- tamaulipensis
- tomentosa
- viperina
- zapilotensis

Häufige Fachausdrücke

Areolen: Meist fein behaarte, mehr oder weniger wehrhafte „Dornenpolster", eine typische Erscheinung für die meisten Kakteen. Exakt handelt es sich um gestauchte, in der Entwicklung gehemmte Achselknospen, also um Kurztriebe. Die Areolen sind durch dünne Leitbündel mit der Sproßachse verbunden. Im Areolenbereich entstehen bei sehr vielen Kakteenarten sowohl Blüten als auch Seitentriebe.

aride Gebiete (lat. *aridus* = trocken): Trockengebiete. Die theoretische jährliche Verdunstung übertrifft die Höhe der Niederschläge um ein Vielfaches. Derartige Verhältnisse sind charakteristisch für die Standorte vieler Kakteen.

Art: Grundeinheit der Systematik. Als Art bezeichnet man eine Abstammungsgemeinschaft (das heißt eine Gruppe von Populationen), deren Individuen in allen wesentlichen morphologischen und physiologischen Eigenschaften übereinstimmen und die sich durch mehrere konstante erbliche Merkmale von anderen Abstammungsgemeinschaften unterscheiden. Arten tragen grundsätzlich zweiteilige Namen, die sich zusammensetzen aus dem großgeschriebenen Gattungsnamen und dem nach Artikel 73 des Internationalen Codes der Botanischen Nomenklatur kleingeschriebenen Artzusatz (zum Beispiel *Mammillaria zeilmanniana*).

Axillen: Bei Warzenkakteen (wie *Mammillaria*) versteht man darunter die Vertiefungen zwischen den Warzen, aus denen vielfach Haare, Borsten, Blüten und auch Seitentriebe kommen. Durch Areolenspaltung entstanden diese Vegetationspunkte am Grunde von Mamillen.

Axillenwolle: Haar-, Woll- und/oder Borstenbildung in den Axillen zwischen den Warzen.

basal: Grundständig, am Grunde sitzen, am Fuße entspringend.

Beizen: Trocken- oder Naßbeizung. Abtöten von Krankheits-, Fäulnis- oder/und Pilzerregern am Saatgut durch Anwendung meist sehr giftiger Chemikalien.

Bestäubung: Übertragung des Blütenstaubs (Pollens) auf die Narbe des Fruchtknotens.

Bims: Sehr leichtes vulkanisches, stark poröses Gestein. Ideal als Beimischung zur Herstellung von Kakteenerden.

Binäre Nomenklatur: Zweigliedrige Namensgebung jeder Art mit einem Gattungs- und einem Artnamen (siehe Art).

Biotop: Natürlicher Lebensraum.

Cactaceae: Familie der Kakteengewächse. Von Dr. John Lindley 1836 vergebener Name für die Familie der Kakteen, gebildeter Name, abgeleitet von der Gattung *Cactus,* die Linné 1753 beschrieben hat.

Cactus: Gattung in der ersten Ordnung der zwölften Klasse des Linnéschen Pflanzensystems. Das Wort „Cactus" stammt ursprünglich aus dem Griechischen und bezeichnete eine namentlich unbekannte stachelige Pflanze.

Cephalium: Klar abgegrenzter Bereich mit schopfartiger Borsten- und Haarbildung, aus dem bei bestimmten Kakteenarten die Blüten erscheinen. Man unterscheidet zwei Cephaliumarten: das endständige Cephalium und das seitliche Cephalium. Die bekanntesten Gattungen mit Cephalium: *Melocactus* und *Discocactus, Buiningia, Arrojadoa, Stephanocereus, Espostoa, Cephalocereus, Cephalocleistocactus, Austrocephalocereus, Backebergia.*

Cereen: Bezeichnung für sämtliche Kakteen, die säulenförmig wachsen.

Chlorophyll: Grüner Pflanzenfarbstoff, der in besonderen Farbstoffträgern, den Chloroplasten, zu finden ist. Für die Photosynthese ist das Vorhandensein von Chlorophyll von entscheidender Bedeutung. Pflanzen mit wenig oder ohne Chlorophyll (wie zum Beispiel *Gymnocalycium mihanovichii* var. *friedrichii* 'Rubra' oder *Chamaecereus silvestrii* f. *aureus*) können nur durch Pfropfen auf chlorophyllführende Unterlagen am Leben gehalten werden.

Chloroplasten: Chlorophylltragende Zellorgane sämtlicher grünen Pflanzen.

Chlorose: Durch mangelhafte Chlorophyllbildung ausgelöstes Nichtergrünen oder auch

Häufige Fachausdrücke

Vergilben von üblicherweise grünen Pflanzenteilen. Kann verschiedene Ursachen haben: gestörter Mineralstoffwechsel (Kalzium- oder Eisenmangel), Lichtmangel, Virusbefall, Kälteschaden usw.

Cristate: Verbänderung, Hahnenkammform. Vom üblichen Wuchs abweichende Kammform oder Verbänderung, bandartig verbreiteter Vegetationspunkt im Scheitel. Es handelt sich um eine spontane Erscheinung, nicht um eine Erkrankung der Pflanze! Über die Ursachen gibt es zwar eine Vielzahl von Hypothesen, jedoch noch keine gesicherten Beweise.

Crypsis siehe Mimikry = Mimese

Cultivar: Abkürzung für „cultivated variety" (cv.) = Sorte. Kultivierte, genetisch gleichartige Pflanzen. Der Begriff bezieht sich immer auf eine Gruppe von Individuen, die „eigenständig" sind, also in einem oder in mehreren Merkmalen von der Art abweichen, und die „beständig" sind. Das heißt, die Pflanzen müssen identisch reproduzierbar sein. Derartige Pflanzen können der Natur entnommen oder durch Auslese in Kultur entstanden sein.

Diagnose: Kurzbeschreibung, die nur die genauen Unterscheidungsmerkmale einer Art oder einer bestimmten Gattung im Vergleich zu anderen Arten oder Gattungen enthält. Bei Erstbeschreibung muß die Diagnose in lateinischer Sprache erfolgen.

Dichotomische Teilung: Gabelige Verzweigung. Spaltung des Vegetationspunktes (Wachstumskegel) in zwei verschiedene Scheitel (= Köpfe). Eine Erscheinung, die besonders bei älteren Mammillarien auftritt und zu herrlichen Exemplaren führt.

Dimorphismus: Junge Pflanzen können eine andere äußere Form besitzen als alte Pflanzen der gleichen Art. Diese Erscheinung kommt bei Kakteen besonders häufig vor! (Beispiele: *Neochilenia dimorpha, Tephrocatus dimorphus*).

Dornen: Die im allgemeinen Sprachgebrauch bezeichneten „Stacheln" der Kakteen sind durch Umwandlung aus Blättern entstanden, stellen also echte Blattdornen dar. Mitunter werden nur Blatteile zu Dornen umgewandelt. Bei den kakteenähnlichen, hochsukkulenten Euphorbien sind die beiden Nebenblätter eines jeden Blattes zu Dornen umgebildet. Andere xerophytische Pflanzen tragen Sproßdornen.

Epidermis: Meist einschichtiges Oberhautgewebe, das den Pflanzenkörper nach außen abschließt. Die Epidermis von Kakteen und anderen sukkulenten Pflanzen weist oft einen ausgeprägten wachsähnlichen Überzug sowie eine verdickte Kutikula auf.

Epiphyten: Nicht schmarotzende Pflanzen, die als Aufsitzer auf Bäumen und in Astgabeln leben. Sie halten sich mit Haftwurzeln fest. Manche (wie *Selenicereus* und *Hylocereus*) senden lange Nährwurzeln in den Boden.

Form (forma): Niedrigste taxonomische Einheit. Eine „forma" weicht nur sehr geringfügig von einer anderen „forma", einer Varietät, einer Unterart oder Art ab. Abkürzung: f.

Fungizide: Substanzen zur Bekämpfung von Pilzerkrankungen.

Gattung: Systematische Einheit, in der ähnliche Arten zusammengefaßt werden, die aber von anderen Artgruppen deutlich getrennt sind. Sämtliche Arten einer Gattung stimmen in einer Kombination mehrerer Merkmale überein. Der Gattungsname wird stets großgeschrieben (wie zum Beispiel *Parodia*).

Gewebe: Verband von Zellen, die in ihrer Funktion weitgehend übereinstimmen.

Generative Vermehrung: Geschlechtliche Vermehrung durch Samen.

Geschlossenes Areal: Zusammenhängendes Verbreitungsgebiet beispielsweise einer bestimmten Art.

Glochiden: Winzige borstenartige Dornen, die mit mikroskopisch kleinen Widerhäkchen besetzt sind und sich bei Berührung leicht ablösen. Typisch für die Unterfamilie der Opuntioideae. Glochiden sitzen in dichten Polstern zum Beispiel auf *Opuntia microdasys*.

Habitus: Das allgemeine, äußere Erscheinungsbild (Gestalt, Form, Aussehen) einer Pflanze.

Haftwurzeln: Mehr oder weniger kurze Wurzeln, die an festen Gegenständen und an der

Baumrinde haften und damit klimmendes Wachsen ermöglichen. Haftwurzeln kommen zum Beispiel bei den Gattungen *Deamia*, *Selenicereus* und *Hylocereus* vor.

Holotypus: Permanent konservierter Teil einer Pflanze oder vollständig konserviertes Exemplar (gepreßt und getrocknet oder in Alkohol eingelegt), das bei der Veröffentlichung einer neuen Art der Beschreibung zugrunde liegt und in einem Herbar, möglichst einer öffentlichen Institution, hinterlegt werden muß.

humide Gebiete: Gebiete, in denen die Niederschlagsmengen höher sind als die normale Verdunstung.

Hybride: Kreuzungsprodukt aus zwei Pflanzen unterschiedlicher Art, auch als Bastard oder Mischling bezeichnet. Normalerweise gelingt es nur, einander nahestehende Arten zu kreuzen. Bei Kakteen gibt es jedoch mitunter auch sogenannte Gattungsbastarde. Man sollte jedoch stets bestrebt sein, artrein zu züchten! Andererseits haben gezielte Kreuzungen bei *Epiphyllum* zu herrlichen Blütenfarben geführt.

Insektizide: Substanzen zur Vernichtung von Insekten. Sie sollten grundsätzlich nur nach umweltverträglichen Gesichtspunkten eingesetzt werden.

Kammform siehe Cristate

Kleistogamie: Ohne daß sich die Blüte öffnet, kommt es in der Blütenknospe „automatisch" zur Bestäubung, zur Befruchtung und zur Bildung von keimfähigem Samen. Bei den Kakteen ist diese ungewöhnliche Erscheinung von der Gattung *Frailea* bekannt.

Konvergenz: Mehr oder weniger große Ähnlichkeit verschiedenartiger, miteinander nicht verwandter Organismen als Ergebnis einer unter ähnlichen Umweltbedingungen verlaufenen Entwicklung. Besonders eindrucksvoll ist die Konvergenz zwischen *Astrophytum asterias* und *Euphorbia obesa*.

Kutikula: Mikroskopisch dünnes, nahezu wasserundurchlässiges Häutchen auf den Oberhautzellen der Pflanzen.

Leitbündel: Der Schnitt durch einen *Trichocereus* läßt besonders gut die Leitbündel erkennen, die Stränge aus Leitgeweben zwischen Pflanzensproß und Wurzel, die der Wasser- und Nährsalzleitung sowie der Assimilatverteilung dienen. Das Leitbündel besteht aus einem Holz- oder Gefäßteil (Xylem) und einem Sieb- oder Bastteil (Phloem). Im Holzteil erfolgt die Leitung des Wassers, während in Siebteil organische Stoffe (Assimilate) transportiert werden.

Luftwurzeln: Besonders bei epiphytischen oder kletternden Kakteen bilden sich aus der Sproßachse Wurzeln, die neben der Ernährung auch dazu dienen, die Pflanze an ihrem Untergrund festzuheften. Jene Luftwurzeln können bei entsprechenden Bedingungen helle, feuchte und warme Umgebung) mehrere Meter lang werden – sie wachsen, bis sie Nahrung finden. Die Luftwurzelbildung kann man auch zur schnelleren Sproßbewurzelung nutzen.

Mescalin: Eines der Alkaloide, das in *Lophophora* enthalten ist.

Mikroklima: Das am Standort einer Pflanze, also das auf kleinstem Raum herrschende Klima.

Mimikry = Mimese: Ähnlichkeit mit der belebten Umwelt (zum Beispiel andere Pflanzen).

Crysis: Ähnlichkeit mit der unbelebten Natur (zum Beispiel Steinen). Farb- und Formanpassung, die Kakteen (wie *Ariocarpus*, *Aztekium*, *Blossfeldia* und anderen) und vielen anderen sukkulenten Pflanzen (zum Beispiel *Lithops*, *Pleiospilos* usw.) eine verblüffende äußere Ähnlichkeit mit ihrer Umgebung gibt, so daß jene Pflanzen in nichtblühendem Zustand kaum zu finden sind.

Mitteldorn: Meist zentral aus der Areole ragender Dorn, der sich in Länge und Aussehen oftmals deutlich von den Randdornen unterscheidet.

Modifikation: Eine nicht erbliche Veränderung der Pflanze, hervorgerufen beispielsweise durch Lichtmangel vergeilende Triebe, schwächere Bedornung.

Monströser Wuchs: Abnormale, unregelmäßige Wuchsform, bei der die übliche Rippenanordnung und der Stand der Areolen nicht eingehalten wird. Bekanntestes Beispiel: *Cereus peruvianus* var. *monstrosus*.

Morphologie: Lehre von der äußeren Gestalt, vom Bau und den grundlegenden Bauplänen einer Pflanze.

Mutation: Änderung eines oder mehrerer Merkmale durch eine spontane Veränderung der Erbmasse. Auch bei Kakteen können im Rahmen größerer Aussaaten gelegentlich Mutationen auftreten. Mutationen können künstlich ausgelöst werden (zum Beispiel durch bestimmte Chemikalien, Röntgenstrahlen usw.)

Narbe: Am oberen Ende der Fruchtblätter sitzendes Aufnahmeorgan für den Blütenstaub. Bei einigen Kakteengattungen ist die Narbe farbig, zum Beispiel bei *Notocactus* ist sie rot, bei *Echinocereus* meist grün.

Nomenklatur: Wissenschaftliche Namensgebung bei Pflanzen und Tieren, die nach ganz bestimmten festgelegten Nomenklaturregeln erfolgt. Seit Linné ist es üblich, Arten binär (also mit einem zweiteiligen Namen) zu benennen. Teildisziplin der Taxonomie.

nomen ambiguum: Mehrdeutig gewordener Name.

nomen confusum: Auf verschiedene Sippen angewendeter (und deshalb verwirrender) Name.

nomen conservandum: Zu schützender Name.

nomen dubium: Nicht sicher deutbarer Name.

nomen illegitimum: Ungültiger Name.

nomen novum: Neuveröffentlichter Name.

nomen nudum: Namen ohne gültige Diagnose oder dazugehörende Beschreibung. Derartige Namen werden nach den gültigen Nomenklaturregeln nicht anerkannt.

Ovarium: Fruchtknoten. Unterster Teil der Kakteenblüte, der im Inneren die Samenanlagen enthält.

Pectinate Dornen: Auf den Areolen kammförmig ausgerichtete Dornen, wie sie bei *Pelecyphora aselliformis*, *Echinocereus pectinatus*, *Sulcorebutia candiae* und anderen vorkommen.

Pericarpell: Aus Sproßgewebe bestehende, becherförmige Umhüllung des Fruchtknotens der Kakteen. Pericarpell und Fruchtknoten sind miteinander verwachsen.

Petalen: Innere Blütenhüllblätter.

Peyote, Peyotl: Einheimischer Name von *Lophophora williamsii*. Unter Einhaltung bestimmter vorgeschriebener Zeremonien wird sie von bestimmten Gruppen indigener Völker Mexikos gesammelt und im Rahmen kultischer Handlungen genossen. Verzehrt wird ein scheibenförmiger Teil der Pflanze, der zwischen Wurzel und Kopf herausgeschnitten wird. In getrocknetem Zustand kann der Kaktus längere Zeit aufbewahrt werden. Früher lag das Zentrum der Peyote-Gewinnung nördlich des mexikanischen Staates Coahuila in der Umgebung des Dorfes San Jesus Peyote.

Photosynthese: Assimilation des Kohlendioxids der Luft mit Hilfe des Sonnenlichtes und des grünen Blattfarbstoffes Chlorophyll. Im Verlaufe dieses Vorganges entstehen aus dem anorganischen Kohlendioxid und Wasser unter Ausnutzung der Sonnenenergie sowie der katalytischen Mitwirkung von Chlorophyll organische Stoffe, sogenannte Kohlenhydrate und Sauerstoff.

Phototropismus: Triebe, Blätter und Blüten streben dem Licht zu; eine Tatsache, die man besonders bei jenen Pflanzen merkt, die auf einer Fensterbank gepflegt werden. Diese Lichtwendigkeit ist besonders bei *Notocactus leninghausii* zu beobachten, dessen Scheitelneigung immer zum Licht hin zeigen muß. Nur wenige Kakteen wachsen vom direkten Sonnenlicht weg, auch dieses Verhalten muß stets berücksichtigt werden, wie etwa bei *Eriocereus jusbertii*.

Physiologie: Wissenschaft von den Funktionen und Leistungen eines Organismus, seiner Zellen, seines Gewebes und seiner Organe, also von den Lebensvorgängen innerhalb der Pflanze.

Pikieren: Verziehen oder Vereinzeln kleiner Sämlinge.

Häufige Fachausdrücke

Population: Fortpflanzungsgemeinschaft, das heißt die Gesamtheit aller Individuen einer Art, Varietät oder Form, die an einem Ort wachsen und gegenseitig bestäubt werden und fertile Nachkommen bilden. Beispiel: Kakteen einer Art auf einer Lichtung, einer Bergkuppe oder in einem kleinen Seitental.

Proliferation: Seitliche oder zentrale Durchwachsung von Früchten, wobei aus diesen wieder Pflanzen mit Wurzeln entstehen. Zu beobachten bei Arten der Gattung *Opuntia*.

Pulpa: Fruchtfleisch. In der Pulpa, einem sehr saftigen und teilweise (bei *Opuntia* und *Selenicereus*) sehr wohlschmeckenden Fruchtfleisch sind bei vielen Kakteen die Samen eingebettet.

Randdornen: Die am Rand der Areolen stehenden Dornen, die in Form und Farbe deutlich von den Mitteldornen abweichen.

Resistenz: Nichtanfälligkeit gegenüber Erkrankungen, gegenüber Parasiten sowie gegenüber Pilzen. Bei Insekten versteht man darunter die Widerstandsfähigkeit gegenüber gewissen, häufig angewandten Insektiziden. Unkräuter können gegen Herbizide Resistenzen entwickeln.

Rippen: Senkrecht verlaufende, leistenartig vorspringende Verdickungen des Kakteenkörpers. Besonders schön ist die Rippenbildung bei *Echinocactus grusonii* zu beobachten, der als Sämling noch Warzen aufweist, die mit zunehmendem Alter zu Rippen verschmelzen. Und je dicker dieser Kaktus wird, um so mehr Rippen bilden sich.

Selbstfertilität: Pflanzen bilden mit Hilfe ihres eigenen Blütenstaubes, der in der Lage ist, die Narbe zu befruchten, Früchte und Samen aus. Diese Erscheinung kommt nur bei wenigen Kakteen vor, zum Beispiel bei *Lophophora williamsii, Epithelantha micromeris, Echinocactus grusonii, Opuntia schumannii* usw. Bei Arten der Gattung *Frailea* öffnen sich die Knospen bei Lichtmangel häufig gar nicht, so daß Bestäubung und Befruchtung in der geschlossenen Blüte stattfinden (siehe Kleistogamie).

Selbststerilität: Die Pflanzen können sich mit eigenem Blütenstaub entweder gar nicht erst bestäuben, oder es kommt zu keiner Befruchtung durch eigenen Pollen. Die meisten Kakteen sind selbststeril.

Sepalen: Äußere Blütenhüllblätter, Kelchblätter.

species nova: Eine neuentdeckte und neubeschriebene Art.

Sukkulenten: (lat. *succus* = Saft) Pflanzen, die in Blatt, Sproßachse und/oder Wurzel Zellsäfte speichern. Deshalb unterscheidet man Blatt-, Stamm- oder Wurzelsukkulenten. Neben der Fähigkeit, Säfte zu speichern, zeigen sukkulente Pflanzen weitere typische Merkmale von Pflanzen, die trockene Standorte besiedeln (Xerophyten). Dazu gehören zum Beispiel eine verdickte Kutikula und versenkte Spaltöffnungen. Gewaltig sind die Wassermengen, die große Kakteen speichern können. Eine ausgewachsene *Carnegiea gigantea* kann 2000 bis 3000 l Flüssigkeit speichern.

Terminologie: Lehre von den Fachausdrücken.

Varietät: Systemische Einheit unterhalb der Art. Varietäten unterscheiden sich nur geringfügig von einer Art, verfügen aber über ganz bestimmte erbliche Abweichungen, die in einem umrissenen Gebiet häufig auftreten. Eine Varietät bildet eine taxonomische Einheit, die der Art untergeordnet ist.

Vegetationsperiode: Wachstumszeit einer Pflanze.

Vegetationsscheitel: Vegetationspunkt oder Vegetationskegel. Teilungsfähiges Gewebe (Meristem), von dem die Neubildung der Organe ausgeht.

Vegetative Vermehrung: Ungeschlechtliche Vermehrung durch Seitensprosse, basale Ausläufer, „Kindel", Stecklinge, Warzen, Teilung usw.

Vergeilen (etiolieren): Durch Lichtmangel verursachte abnormale Habitusverlängerung, Verlängerung der Sproßachse, mangelhafte Ausbildung des Chlorophylls.

Xerophyten (griech. *xeros* = trocken): Pflanzen, die an extrem trockene Standorte angepaßt sind und die durch ihren morphologisch-anatomischen Bau lange Trockenzeiten ohne Schaden überdauern können. Viele xerophytische Pflanzen verfügen nicht nur über eine Vielzahl die Verdunstung einschränkender Einrichtungen, sondern sie besitzen darüber hinaus die Fähigkeit, beträchtliche Wassermengen zu speichern. Man bezeichnet derartige Pflanzen als Sukkulenten.

Zweihäusig (diözisch): Auf verschiedenen Pflanzen der gleichen Art befinden sich entweder nur männliche oder nur weibliche Blüten. Zweihäusigkeit kommt bei Kakteen nur äußerst selten vor, beispielsweise bei *Mammillaria dioica* (siehe auch Zwitterblüten).

Zwitterblüten: Blüten, die Staubgefäße und Fruchtblätter enthalten, also sind männliche und weibliche Organe in einer Blüte vereint. Kakteen besitzen mit wenigen Ausnahmen immer Zwitterblüten (siehe auch zweihäusig).

Zygomorphe Blüten: Schiefsaumige Blüten mit nur einer Symmetrieachse, die die Blüte in zwei spiegelverkehrte Hälften teilt. Bei Kakteen findet man zygomorphe Blüten bei *Schlumbergera (Zygocactus), Arequipa, Matucana, Cochemiea, Loxanthocereus,* usw.

Wichtige Adressen

Kakteensammler-Vereinigungen (Stand: Oktober 1993)

 Deutschland

Deutsche Kakteen-Gesellschaft e.V. (DKG),
Geschäftsstelle: Karl-Richard Jähne,
Nordstraße 18, 26939 Ovelgönne

Internationale Gesellschaft der
Notokakteenfreunde e.V. (INTERNOTO),
Brandenburger Straße 49,
71640 Ludwigsburg

Arbeitskreis für Mammillarienfreunde e.V.,
Schusterfeld 12 c,
32139 Spenge

Interessengemeinschaft der Freunde
epiphytischer Kakteen (EPIG),
c/o Dr. J. Bockemühl,
Postfach 26 15 15,
20505 Hamburg

Fachgesellschaft andere Sukkulenten e.V.,
Raschwitzer Straße 58,
04416 Markkleeberg

 Schweiz

Schweizerische Kakteen-Gesellschaft (SKG),
Association Suisse des Cactéophiles (ASC),
Spalierweg 5,
CH-5300 Turgi

 Österreich

Gesellschaft Österreichischer Kakteenfreunde,
Dornbach 62,
A-2392 Sulz im Wienerwald

 Frankreich

Association Internationale des Amateurs
de Plantes Succulentes (A.I.A.P.S.),
Jardin Exotique,
B.P. 105, Monte-Carlo
MC. 98002 Monaco

Bezugsquellen

Andreae, Dieter (Samen und Pflanzen),
64851 Otzberg-Lengfeld, Heringer Weg

Bisnaga-Kakteen-Kulturen (Pflanzen),
76889 Steinfeld in der Pfalz, Wengelspfad 1

Bleicher-Kakteen (Pflanzen),
97525 Schwebheim, Mühlweg 9

Blum, W. (Samen und Pflanzen),
76467 Bietigheim, Beethovenstraße 3

Dopp, Holger (Pflanzen),
Weillinde 8,
72186 Empfingen im Schwarzwald

Exotica, M. & E. Specks (Pflanzen),
41812 Erkelenz-Golkrath, Am Kloster 8

Finckenstein, Wilhelm von (Pflanzen),
33803 Steinhagen-Brockhagen,
Abrookstraße 36

Gantner, Maria (Erdsubstrate und Zubehör),
76356 Weingarten, Ringstraße 112

Kakteen-Centrum Oberhausen (Pflanzen),
46049 Oberhausen-Alstaden, Flockenfeld 101

Kakteen-Haage (Samen und Pflanzen),
99092 Erfurt, Blumenstraße 68

Kakteen-Haude (Pflanzen),
02906 Jänkendorf

Kakteenzentrale Wessner (Pflanzen und
Zubehör), 76461 Muggensturm

Köhres, Gerhard (Samen und Pflanzen),
64390 Darmstadt-Erzhausen, Bahnstraße 101

König, Friedl (Zubehör),
88662 Überlingen, Rauhhalde 25

Köpper, Jörg (Zubehör und Literatur),
42111 Wuppertal, Lockfinke 7

Kriechel-Kakteen (Pflanzen),
56743 Mendig-Niedermendig

Wichtige Adressen

May-Kakteen (Pflanzen),
65830 Kriftel

Piltz-Kakteen (Pflanzen),
52355 Düren-Bürgel

Plapp, Albert (Pflanzen),
19417 Jesendorf, Drosselweg 7

Renk, Roland (Pflanzen und Zubehör),
72226 Aichhalden bei Schramberg, Buz 11

Richter-Sukkulenten (Pflanzen),
55294 Bodenheim am Rhein, Im Mittelweg 1

Schaurig, Sieghart (Pflanzen und Zubehör),
36335 Grebenhain, Ortsteil Ilbeshausen-Hochwaldhausen, Am alten Feldchen 5

Schleipfer, Max (Pflanzen),
86356 Neusäß bei Augsburg, Sedlweg 71

Schwarz, Georg (Pflanzen und Zubehör),
90455 Nürnberg-Katzwang, An der Bergleite 5

Uhlig-Kakteen (Samen und Pflanzen),
71385 Kernen-Rommelshausen,
Hegnacher Straße

Wieland, Max (Pflanzen),
65193 Wiesbaden, Bürschgartenstraße 14

Alle gegenwärtigen Kakteengärtnereien und Zubehörlieferanten können in dieser Aufstellung aus räumlichen Gründen bedauerlicherweise nicht berücksichtigt werden. Die verschiedenen Sammler-Vereinigungen und Ortsgruppen der Deutschen Kakteen-Gesellschaft, die es in nahezu allen Gebieten Deutschlands gibt, helfen Ihnen gerne weiter, wenn Sie Fragen und Wünsche nach bestimmten Pflanzen, nach besonderem Zubehör oder nach spezieller Fachliteratur haben.

Im Zweifelsfall wenden Sie sich vertrauensvoll an den Autor, der Ihnen gerne weiterhilft. Fügen Sie Ihrer Anfrage bitte einen 10-DM-Schein oder -Scheck bei, damit Porto, Telefon und sonstige Unkosten für zusätzliche Recherchen gedeckt sind.

Literaturverzeichnis

Backeberg, Curt: Die Cactaceae. 6 Bände. VEB Gustav Fischer Verlag, Jena 1958–1962.

Buxbaum, Franz: Kakteenpflege biologisch richtig. Franckh'sche Verlagshandlung, Stuttgart 1962.

Cullmann, Willy, Götz, Erich, Gröner, Gerhard: Kakteen. Verlag Eugen Ulmer, Stuttgart 1984.

Grunert, Christian, Viedt, Georg, Kaufmann, Hans-Günther: Kakteen und andere schöne Sukkulenten. VEB Deutscher Landwirtschaftsverlag, Berlin 1977.

Haage, Walther: Kakteen von A bis Z. Neumann Verlag, Leipzig, Radebeul 1981.

Hecht, Hans: BLV Handbuch der Kakteen. BLV Verlagsgesellschaft, München, Wien, Zürich 1982.

Herbel, Dieter: Alles über Kakteen und andere Sukkulenten. Südwest-Verlag, München 1978.

Jacobsen, Hermann: Das Sukkulenten-Lexikon. Gustav Fischer Verlag, Stuttgart-New York 1981.

Krainz, Hans: Die Kakteen. Franckh'sche Verlagshandlung, Stuttgart 1956–1975.

Preston-Mafham, Rod und Ken: Kakteen-Atlas. 1094 Kugelkakteen in Farbe. Deutsche Ausgabe beim Verlag Eugen Ulmer, Stuttgart 1992.

Rauh, Werner: Die großartige Welt der Sukkulenten. Verlag Paul Parey, Berlin und Hamburg 1979.

Rauh, Werner: Kakteen an ihren Standorten. Verlag Paul Parey, Berlin und Hamburg 1979.

Rausch, Walter: Lobivia 85. Verlag Rudolf Herzig, Wien 1985/86.

Reppenhagen, Werner: Die Gattung Mammillaria. 2 Bände. Verlag Steinhart GmbH, Titisee-Neustadt 1991/1992.

Ritter, Friedrich: Kakteen in Südamerika. Friedrich Ritter Selbstverlag. Spangenberg 1979–1981. Band 1: Brasilien, Uruguay, Paraguay. Band 2: Argentinien, Bolivien. Band 3: Chile. Band 4: Peru.

Rowley, Gordon D.: Kosmos-Enzyklopädie der Sukkulenten und Kakteen. Franckh'sche Verlagshandlung, Stuttgart 1979.

Sadovsky, Otakar, Schütz, Bohumil: Die Gattung Astrophytum. Flora-Verlag, Titisee-Neustadt 1979.

Schumann, Karl: Gesamtbeschreibung der Kakteen. Verlag J. Neumann, Neudamm 1903.

Bildquellen

Die Zeichnungen fertigte Manuela Hutschenreiter, München, nach Vorlagen des Autors.
Die Farbaufnahmen, einschließlich der Titelfotos, stammen vom Autor.

Register

Ziffern mit Sternchen * verweisen auf Abbildungen

Acanthocalycium glaucum 116
– *klimpelianum* 18*
– *thionanthum* 116
– *violaceum* 116
Agave parviflora 39
Alkaloid 8, 120
Anplatt-Pfropfung 98
Aporocactus 114
Areolen 11, 118
Aride Gebiete 13, 118
Ariocarpus kotschoubeyanus 18*
– *retusus* 80
– *trigonus* 19*
Arrojadoa rhodantha 19*
Art 118
Assimilate 120, 121
Astrophytum asterias 19*, 120
– *myriostigma* 20*
– *senile* 20*
Aussaat 89
Aussaat-Vorbereitung 89
Austrocactus patagonicus 75
Austrocylindropuntia subulata 13
– *verschaffeltii* 75
– *vestita* 13
Axillen 118
Axillenwolle 118
Aztekium ritteri 21*

Balkonkultur 66
Basal 118, 122
Beizen 90, 118
Bestäubung 118
Bewurzelung 94
Bezugsquellen 124
Bims 118
Binäre Nomenklatur 118
Biotop 118
Bischofsmütze 20
Blattläuse 104
Blossfeldia liliputana 9, 21*
Blumenfensterkultur 66
Blüte 11
Botrytis-Weichfäule 106

Brasilicactus 47
Brennflecken-Erkrankung 106
Buiningia brevicylindrica 21*

Cactaceae 118
Cactus 118
Carnegiea gigantea 9, 122
Cephalium 11, 118
Cereen 118
Cereus jamacaru 95, 115
– *peruvianus* 95, 115
– – var. *monstrosus* 121
Chamaecereus silvestrii 29*
– – f. *aureus* 118
– – Hybriden 30*, 113
Chloroplasten 118
Chlorophyll 10, 118, 121
Chlorose 119
CITES-Dokumente 110
Cleistocactus flavispinus 116
– *jujuyensis* 116
– *parviflorus* 116
– *smaragdiflorus* 116
– *strausii* 22*
– *viridiflorus* 116
Cochemiea maritima 42*
– *setispina* 44*
Cochenille-Läuse 8
Copiapoa tenuissima 22*
Coryphantha andreae 23*
– *bernalensis* 23*
– *chlorantha* 75
– – var. *deserti* 75
– *greenwoodii* 23*
– *vivipara* 14
– – var. *arizonica* 75
Cristatformen 95, 115, 119
Crypsis 119
Cryptocereus anthonyanus 24*
Cultivar 119
Cuticula siehe Kutikula
Cylindropuntia rosea 52*
– – var. *atrorosea* 52
– *tunicata* 13, 52

Dichotomische Teilung 119
Dimorphismus 119
Diözisch 123
Discocactus horstii 24*
Dolichothele 37
Dornen 11, 119
Druse 10
Düngen 85

Echinocactus grusonii 24*, 122
Echinocereus baileyi 75
– *caespitosus* 75
– *coccineus* 75
– *delaetii* 116
– *enneacanthus* 116
– *fendleri* 75
– *hempelii* 75
– *knippelianus* 116
– *laui* 116
– *leucanthus* 25*
– *maritimus* 116
– *merkeri* 116
– *mojavensis* 75
– *nivosus* 116
– *pectinatus* 116, 121
– – var. *reichenbachii* 75
– *pentalophus* 25*
– *purpureus* 75
– *reichenbachii* var. *albispinus* 25*
– *roemeri* 75
– *schmollii* 26*
– *stramineus* 75
– *subinermis* 26*
– *triglochidiatus* 75
– *viridiflorus* 27*, 75
Echinofossulocactus albatus 27*
– *coptogonus* 116
– *gladiatus* 116
– *hastatus* 116
– *kellerianus* 116
– *multicostatus* 116
– *pentacanthus* 116
– *phyllacanthus* 27*

Register

- *vaupelianus* 28*
- *violaciflorus* 28*

Echinomastus macdowellii 28*
Echinopsis 29*
- *chamaecereus* 29*
- Hybriden 29*, 86, 95, 113, 114

Encephalocarpus strobiliformis 30*
Epidermis 10, 119
Epiphyllum 30*, 111, 113
Epiphyten 9, 119
Epithelantha micromeris 31*, 122
Eriocactus 46
Eriocereus bonplandii 95, 96, 115
- *jusbertii* 30, 95, 96, 115, 121
- *martinii* 115
Etiolieren 123
Euphorbia obesa 120

Fensterbankkultur 66
Ferocactus glaucescens 31*
Flachpfropfung 96
Form 119
Förster 7
Frailea 112
Freilandkultur 74
Frühbeetkultur 68
Fungizide 119
Fusarium-Fäule 104, 105

Gattung 119
Gelbliches Verfärben der Pflanze 107
Generative Vermehrung 89, 119
Geschlossenes Areal 119
Gewächshauskultur 69
Gewebe 119
Glochiden 12, 119
Graptopetalum bellum 30
Gymnocactus 63
Gymnocalycium andreae 31*
- - var. *doppianum* 31*
- *anisitsii* 32*

- *bicolor* 116
- *bruchii* 116
- *damsii* 116
- *denudatum* 32*
- *horridispinum* 116
- *horstii* 116
- *mihanovichii* var. *friedrichii* 'Rubra' 118
- *multiflorum* 33*
- *quehlianum* 116
- *ragonesei* 116
- *ritterianum* 116
- *saglionis* 116
- *spegazzinii* 116
- *tillianum* 116
- *vatteri* 116
- *weissianum* 116
- *zegarrae* 116

Habitus 120
Haftwurzeln 120
Hahnenkammbildung 119
Haworth 7
Haworthia 7
Heimatstandorte 13
Helminthosporium-Naßfäule 105
Herkunft- und Heimatstandorte 7, 13
Hermann 7
Hildewintera aureispina 98
Historisches 7
Holotypus 120
Humide Gebiete 120
Hybride 111, 120
Hylocereus guatemalensis 95
- *trigonus* 95
- *undatus* 30, 33*, 95
Hypodermis 11

Importpflanzen 109
Insektizide 120
Interfaszikularbündel 11
Islaya krainziana 34*

Kakteensammler-Vereinigungen 124
Kammform 95, 115, 119, 120
Keimtemperatur 89
Kakteen als Nutzpflanzen 8
Kakteenerde 79
Kakteenpflege im Jahresverlauf 77
Karwinsky 7
Keller-, Mauer- und Kugelasseln 103
Kleistogamie 120, 122
Klimaverhältnisse an den Standorten 15, 16
Knospenfall und Vertrocknen der Blütenknospen 107
Kollenchymschicht 10
Kolumbus 7
Konvergenz 120
Korkwucherungen 107
Krankheiten und Schädlinge 100
Kreuzungsversuche 112
Kugelasseln 103
Kunst des Pfropfens 95
Kutikula 10, 120
Kutin 10

Leitbündel 11, 120
Lepismium paradoxum 34*
Leuchtenbergia principis 35*
Licht und Wärme 86
Linné 7
Literaturverzeichnis 126
Lobel 7
Lobivia acanthoplegma 116
- *akersii* 116
- *arachnacantha* 35*
- *aurea* 35*
- *backebergii* 116
- *cinnabarina* 116
- *culpinensis* 116
- *durispina* 116
- *famatimensis* 116
- *ferox* 116
- *glauca* 116

Register

– *grandiflora* 36*
– *haageana* 116
– *huascha* 36*
– *jajoiana* var. *nigristoma* 37
– *kupperiana* 116
– *laui* 116
– *leptacantha* 116
– *markusii* 116
– *mistiensis* 116
– *nigrispina* 116
– *oxyalabastra* 116
– *paucartambensis* 116
– *pentlandii* 116
– *pictiflora* 116
Lophophora williamsii 37*, 121, 122
Loxanthocereus 11
Luftfeuchtigkeit 83
Luftwurzeln 120
Maihuenia patagonica 14, 75
– *poeppigii* 13, 75
Mammillaria albicoma 116
Mamillopsis 43
– *albilanata* 116
– *aureilanata* 116
– *backebergiana* 116
– *barbata* 42
– *baumii* 37*
– *blossfeldiana* 116
– *bocasana* 38*, 95
– *bombycina* 116
– *candida* 38*
– *canelensis* 116
– *carnea* 116
– *coahuilensis* 116
– *columbiana* 116
– *compressa* 116
– *crucigera* 116
– *decipiens* 116
– *deherdtiana* 116
– *dioica* 123
– *dixanthocentron* 116
– *durispina* 116
– *duwei* 38*
– *eichlamii* 116
– *elegans* 116

– *elongata* 116
– *erectacantha* 116
– *ernestii* 116
– *erythrocalyx* 116
– *erythrosperma* 39*
– *estanzuelensis* 116
– *evermanniana* 116
– *formosa* 116
– *geminispina* 116
– *gigantea* 116
– *glassii* 39*
– *goldii* 39*
– *gracilis* 116
– *hamata* 116
– *heidiae* 116
– *hemisphaerica* 116
– *herrerae* 40*
– *hertrichiana* 116
– *hidalgensis* 116
– *humboldtii* 116
– *ingens* 116
– *johnstonii* 116
– *karwinskiana* 116
– *klissingiana* 116
– *kunzeana* 116
– *lanata* 116
– *lasiacantha* 40*
– *laui* var. *subducta* 40*
– *lenta* 116
– *leptacantha* 41*
– *leucantha* 116
– *lewisiana* 116
– *lloydii* 116
– *longiflora* 117
– *louisae* 117
– *macdougalii* 117
– *macracantha* 117
– *magallanii* 41*
– *magnifica* 117
– *magnimamma* 117
– *maritima* 42*
– *marksiana* 41*
– *marnierana* 117
– *matudae* 117
– *mazatlanensis* 117
– *meyranii* 117

– *microcarpa* 42*
– *microhelia* 117
– *mollendorfiana* 117
– *moricalii* 42*
– *multiceps* 117
– *mystax* 117
– *nana* 117
– *nejapensis* 117
– *nunezii* 117
– *obscura* 117
– *occidentalis* 117
– *ortiz-rubiona* 117
– *parkinsonii* 117
– *peninsularis* 117
– *pentacantha* 117
– *perbella* 117
– *petterssonii* 43*
– *plumosa* 43*
– *prolifera* 12, 117
– *saboae* 117
– *scheidweileriana* 117
– *schiedeana* 117
– *senilis* 43*
– *setispina* 44*
– *solisioides* 117
– *swinglei* 117
– *theresae* 117
– *viereckii* 117
– *viridiflora* 117
– *wildii* 117
Matucana krahnii 44*
Mauerasseln 103
Melocactus azureus 45*
Melonendistel 7
Mescalin/Mescal 8, 120
Mikroklima 70, 120
Miller 7
Mimikry/Mimese 119, 120
Mitteldorn 120
Modifikation 121
Monströser Wuchs 121
Morphologie 121
Morphologische Eigenheiten 10
Mosaik-Erkrankung 108
Mutation 121

129

Register

Myrtillocactus geometrizans 45*

Narbe 121
Nematoden 103
Neobesseya missouriensis 75
– *similis* 75
– *vivipara* var. *arizonica* 75
– *wissmannii* 75
Neobuxbaumia polylopha 9
Neochilenia dimorpha 119
Neoporteria nidus var. *gerocephala* 46*
Nomen ambiguum 121
Nomen confusum 121
Nomen conservandum 121
Nomen dubium 121
Nomen illegitimum 121
Nomenklatur 121
Nomen novum 121
Nomen nudum 121
Nopalxochia-Hybriden 113
Notocactus buiningii 47*
– *erinaceus* 47*
– *graessneri* 47*
– *haselbergii* 47*
– *leninghausii* 46*, 121
– *ottonis* 48*
– *roseiflorus* 48
– *rutilans* 48*
– *scopa* 48*
– *uebelmannianus* 49*

Obregonia denegrii 49*
Opuntia articulata 49*
– *basilaris* 75, 96
– *bergeriana* 96
– *clavata* 75
– *compressa* 14, 75
– *darwinii* 14, 75
– *engelmannii* 75
– – var. *discata* 75
– *erinacea* var. *utahensis* 51*, 95
– *ficus-indica* 50*, 96
– *fragilis* 14, 75, 95
– *fulgida* 75

– *grandis* 75
– *howeyi* 75
– *humifusa* 50*, 75
– *hystricina* 75, 76
– *imbricata* 75
– *juniperina* 75
– *leptocaulis* 75
– *leucotricha* 51*
– *lindheimeri* 75
– *microdasys* 51, 119
– – var. *albispina* 51*
– – var. *rufida* 13
– *orbiculata* 96
– *pachyclada* var. *spaethiana* 75
– *phaeacantha* 75
– – var. *camanchica* 95
– *polyacantha* 75
– – var. *erythrostemma* 75
– – var. *trichophora* 75
– *procumbens* 75
– *rafinesquei* 75
– *rhodantha* 75
– *robusta* 52*
– *rosea* 52*
– *rubriflora* 75
– *rutila* 75
– *schumannii* 122
– *sphaerocarpa* 75
– *spirocentra* 75
– *subulata* 13
– *tomentosa* 96
– *tortispina* 75
– *tunicata* 13
– *utahensis* 75
– *vasey* 75
– *vestita* 13
– *vulgaris* 75
– *xanthostemma* 75
Oreocereus celsianus 53*
Oroya peruviana 53*
Ortegocactus macdougallii 54*
Ovarium 121

Parodia aureispina 117
– *chrysacanthion* 54*
– *columnaris* 117

– *dichroacantha* 117
– *echinus* 55*
– *elata* 117
– *faustiana* 117
– *fechseri* 117
– *formosa* 117
– *fulvispina* 117
– *haageana* 117
– *hummeliana* 117
– *kilianana* 117
– *koehresiana* 117
– *lamprospina* 117
– *lohaniana* 117
– *maassii* 117
– *mairanana* 95, 117
– *malyana* 117
– *maxima* 117
– *mendezana* 117
– *microsperma* 117
– *mutabilis* var. *ferruginea* 55*
– *penicillata* 54*
– *rubriflora* 55
– *sanguiniflora* 55*
– *suprema* 56*
Pectinate Dornen 121
Pediocactus bradyi 75
– – var. *knowltonii* 75
– *simpsonii* 75
Pelecyphora pseudopectinata 56*
Pereskia grandifolia 57*
Pereskiopsis gatesii 95, 96
– *velutina* 95, 96, 99
Pericarpell 11, 121
Periderm 11
Petalen 121
Peyote, Peyotl 121
Pfeiffer 7
Pflanzengewebe 10
Pfropfen 95
Pfropftechnik 95, 96
Pfropfunterlagen 95, 96
Phloem 120
Photosynthese 118, 121
Phototropismus 121
Phyllocactus 113
Physiologie 122

Register

Phytophthora-Naßfäule 105
Pikieren 122
Pilzliche Erkrankungen 104
Population 122
Proliferation 122
Pseudocephalium 11, 118
Pterocactus australis 14
- *skottsbergii* 75
Pulpa 122

Randdornen 122
Rebutia 57*
- *albiflora* 117
- *albopectinata* 117
- *auranitida* 117
- *aureiflora* 117
- *brachyantha* 117
- *costata* 117
- *deminuta* 58*
- *einsteinii* 117
- *eos* 117
- *euanthema* 117
- *eucaliptana* 117
- *fiebrigii* 117
- *haagei* 117
- *heliosa* 58*
- *krainziana* 117
- *kupperiana* 117
- *margarethae* 58*
- *marsoneri* 117
- *minuscula* 117
- *muscula* 117
- *narvaecensis* 117
- *perplexa* 117
- *pulvinosa* 117
- *ritteri* 117
- *senilis* 59*
- *spegazziniana* 117
- *spinosissima* 117
- *spiralisepala* 117
- *steinmannii* 117
- *sumayana* 117
- *supthutiana* 117
- *tarvitaensis* 117
- *torquata* 117
- *tropaeoliptica* 117

- *vallegrandensis* 117
- *violaciflora* 117
- *violascens* 117
- *vizcarrae* 117
- *walteri* 117
- *wessneriana* 117
- *xanthocarpa* 117
Resistenz 122
Rezeptakulum 11
Rhipsalis crispimarginata 59*
- *paradoxa* 34*
Rippen 122
Rote Spinne 102
Rötliches Verfärben der Pflanze 107

Salm-Reifferscheid-Dyck 7
Sämlinge 93
Sämlingspfropfung 95, 97
Schädlinge 100
Schildläuse 102
Schlitzpfropfung 99
Schlumbergera-Hybriden 59*, 99
- *russeliana* 59
- *truncata* 59, 99
Schmierläuse 100
Schnecken 103
Schumann 7
Schwarzflecken-Erkrankung 106
Sciara-Fliege 104
Sclerocactus parviflorus 60*
- *verschaffeltii* 75
- *whipplei* 75
Sekundärholz 11
Selbstfertilität 122
Selbststerilität 122
Selenicereus grandiflorus 60*, 95
- *hamatus* 117
- *kunthianus* 117
- *macdonaldiae* 117
- *murrillii* 117
- *nelsonii* 60*
- *pteranthus* 95, 117
- *vagans* 117
- *wercklei* 117

Sepalen 122
Setiechinopsis mirabilis 61*
Spaltpfropfung 98
Species nova 122
Spinnmilben 102
Springschwänze 104
Stecklinge 92
Steingartenkultur 70, 72
Stenocactus 28
Strombocactus disciformis 61*
Substratfeuchtigkeit 83
Sukkulenten 122
Sukkulenter Pflanzenkörper 9
Sulcorebutia alba 117
- *arenacea* 61*
- *candiae* 117, 121
- *canigueralii* 117
- *crispata* 62*
- *flavissima* 117
- *glomerispina* 117
- *hoffmanniana* 117
- *inflexiseta* 62*
- *krahnii* 117
- *krugerii* 117
- *lepida* 117
- *losenickyana* 117
- *markusii* 117
- *mentosa* 117
- *mizquensis* 117
- *pampagrandensis* 117
- *rauschii* 117
- *steinbachii* 117
- *taratensis* 117
- *tiraquensis* 117
- *totorensis* 117
- *tuberculato-chrysantha* 117
- *tunariensis* 117
- *vasqueziana* 117
- *verticillacantha* var. *aureiflora* 62*
- *vizcarrae* 117
- *xanthoantha* 117
- *zavaletae* 117

Tabernaemontanus 7
Teilung 94

Register

Tephrocactus articulatus var. *calvus* 49*
– *darwinii* 14
– *dimorphus* 119
Terminologie 122
Thelocactus bicolor 63*
– *conothelos* 117
– *ehrenbergii* 117
– *flavidispinus* 117
– *gielsdorfianus* 117
– *hastifer* 117
– *hexaedrophorus* 117
– *horripilus* 63*
– *lophothele* 63*
– *nidulans* 117
– *phymatothelos* 117
– *rinconensis* 117
Tierische Schädlinge 100
Tillandsien 109
Töpfe, Schalen, Kübel 81
Tournefort 7
Trauermücken 92, 104
Trichocereus bridgesii 95, 115
– *candicans* 95
– *fulvilanus* 95
– *macrogonus* 95, 115
– *pachanoi* 64*, 95, 115
– *pasacana* 8

– *spachianus* 95, 115
Turgor 11

Umtopfen 82

Varietät 122
Vatricania 11
Vegetationsperiode 122
Vegetationsscheitel 122
Vegetationszonen 14
Vegetative Vermehrung 89, 122
Verbrennen der Epidermis 77, 107
Verdunstungsschutz 9
Vergeilen 123
Verkorkung 107
Vermehrung 89
Vertrocknen der Blütenknospen 107
Viruserkrankungen 107

Washingtoner Artenschutzübereinkommen 110
Weingartia lanata 117
– *longigibba* 117
– *neocumingii* 64*

– *neumanniana* 117
– *riograndensis* 117
– *sucrensis* 117
Wigginsia 47
Wilcoxia albiflora 25*
– *papillosa* 117
– *poselgeri* 98, 117
– *schmollii* 26*
– *striata* 117
– *tamaulipensis* 117
– *tomentosa* 117
– *viperina* 117
– *zapilotensis* 117
Winterharte Kakteen 74, 95
Woll- und Schmierläuse 100
Wo sollen Kakteen untergebracht sein? 66
Wurzelälchen 103
Wurzelläuse 101
Wurzeln 13

Xerophyten 9, 122, 123
Xylem 120

Zweihäusig 123
Zwitterblüten 123
Zygocactus 123
Zygomorphe Blüten 123

Wenn Ihnen der Sinn nach mehr steht...

Nach einer kompakten Einführung in die Botanik der sukkulenten Pflanzen folgen detaillierte Angaben zur Kultur unter verschiedenen Bedingungen (Fensterbank, Frühbeetkasten, Kleingewächshaus, Garten) sowie zur Behandlung von Krankheiten und Schädlingen. Der Hauptteil des Buches ist der lexikalischen Behandlung der kultivierten Sukkulenten gewidmet und beginnt mit zwei Schlüsseln (für blühende und nichtblühende Pflanzen). Mit wenigen Ausnahmen enthält das Werk auch Schlüssel zu den kultivierten Gattungen. Der Gattungsbeschreibung und Bemerkungen über Verwandtschaft, Nutzpflanzen, Kultur und Vermehrung folgt eine repräsentative Auswahl kultivierter Arten. Für jede behandelte Art werden neben einer kurzen Beschreibung eine vollständige Synonymie sowie Verbreitungshinweise gegeben. Insgesamt sind über 1000 Arten erwähnt, 300 sind abgebildet.

Sukkulenten. *Von Dr. Urs Eggli. 1994. 336 S., 343 Farbf., 15 geogr. Karten, 5 Zeichn. ISBN 3-8001-6512-0.*

Die dekorativen, relativ pflegeleichten Kakteen zieren nach wie vor nicht nur Fensterbänke und Büroräume, sondern auch die Gewächshäuser der Kakteensammler. Inzwischen ist allerdings ein so breit gefächertes Angebot auf dem Markt, daß selbst erfahrene Kakteenliebhaber den Überblick verlieren. Dies gilt ganz besonders für die große Gruppe der Kugelkakteen, die in diesem Kakteen-Atlas in Text und Bild vorgestellt werden. Es soll dem Kakteenfreund als Entscheidungshilfe beim Einkauf nach Samen- oder Pflanzenlisten dienen. In den Kurzbeschreibungen der einzelnen Arten, Sorten und Hybriden werden nicht nur Größe, Stacheln und Blütenform der Kakteen aufgeführt, sondern auch die Herkunftsländer sowie die Synonyme genannt. Das ausführliche Register mit ausführlichen Synonym-Verweisen erleichtert das gezielte Auffinden einzelner Arten.

Kakteen-Atlas. *Von Rod und Ken Preston-Mafham. Aus d. Engl. v. Holger Dopp. 1992. 223 S., 1094 Farbf. ISBN 3-8001-6480-9.*

Verlag Eugen Ulmer, Stuttgart

»Kennen & Pflegen« im besten Sinne...

Gemüse. 95 Gemüsearten und Kräuter aus naturgemäßem Anbau. Der Autor gibt eine gründliche Anleitung zu Maßnahmen wie Mischkultur, Fruchtwechsel, Mulchen und Kräutergesellschaften. Düngemittel fügen sich sinnvoll in das Naturgeschehen ein und fördern ein optimales Gedeihen hochwertiger Früchte. Von Dr. Helmut Kühnemann. 1993. 160 Seiten, 94 Farbfotos, 42 Zeichnungen. ISBN 3-8001-6494-9.

Obst. Die besten Sorten für den Garten. Die Freude am Obst fängt mit der richtigen Sortenwahl an. Daß hier bereits die Vorentscheidung für Pflanzengesundheit und den Pflegeaufwand liegt, zeigt die Autorin überzeugend in diesem Buch. Über 20 Obstarten mit ihren Unterformen werden vorgestellt. Von Dr. Helga Buchter-Weisbrodt. 1993. 160 Seiten, 132 Farbfotos, 45 Zeichnungen. ISBN 3-8001-6519-8.

Wellensittiche. 89 Farbschläge. Heute zählt der Wellensittich weltweit zu den beliebtesten und verbreitetsten Heimtieren. Das Buch bietet ausführliche Hinweise zur Haltung und Zucht und den Grundlagen der Vererbung. Alles in allem ein zuverlässiger und nützlicher Ratgeber für jeden Wellensittichliebhaber und -züchter. Von Theo Vins. 1993. 160 Seiten, 90 Farbfotos, 34 Zeichnungen, 21 Tabellen. ISBN 3-8001-7269-0.

Prachtstauden. Die schönsten Arten und Sorten für das Staudenbeet. Dem Autor ist in diesem Buch eine gründliche Einführung in die Welt der Prachtstauden gelungen. Er stellt die 130 besten Arten und Sorten im Bild vor und informiert umfassend über Auswahl, Verwendung, Pflege, Vermehrung und Pflanzenschutz. Von Walter Schimana. 1993. 144 Seiten, 132 Farbfotos, 50 Zeichnungen. ISBN 3-8001-6543-0.

Sommerblumen. 120 Ein- und Zweijahrsblumen in Wort und Bild. Das Buch enthält Anleitungen für Aussaat, Anzucht, Pflanzung, Pflege und Verwendung, vor allem aber Beschreibungen und Fotos zum Kennenlernen. Ein besonders hilfreicher Begleiter auch für alle die nicht selbst aussäen. Von Dieter Herbel. 1992. 144 Seiten, 134 Farbfotos, 25 Zeichnungen, 15 Tabellen. ISBN 3-8001-6484-1.

Verlag Eugen Ulmer, Stuttgart